美術の教室

中谷隆夫の実践と論考集

Takao Nakatani Practice and Discussion

新しい絵の会 常任委員
陶芸家

中谷隆夫

目次

Contents

1.「私の家族」学生時代、三鷹市の牟礼公団住宅の集会場を借りて「絵画教室」を開いていた時の作品
2.「キツネ」小学1年　中谷 泰
3.「街の働く人　大工さん」鷹番小学校5年
4.「登校する自分」鷹番小学校6年
5.「John は鳥だった」
東京都立工芸高校1年　伊牟田耕児
6. 共同作業所　Kさん(35歳)

はじめに

NHKのEテレの「うわさの保護者会」でめずらしく図工・美術教育について話題にしていました。尾木直樹先生を中心に“保護者”が自分の体験している悩みや疑問を出し合い、学び合う番組です。番組では、近頃子どもが持って帰る作品をどう受け止めたら良いのかと言う母親の疑問から始まりました。かつて自分が学んだ図工・美術と近頃の図工・美術とのギャップにとまどい、疑問が語り合われました。“識者”（文科省職員、図工教師）が新しい指導要領や図工・美術の中心になっている「造形あそび」について解説し、「最近はモダンアートに対する理解が進んでいるので、新しい表現（造形あそび）は自然に受け入れられている」とか、「想像力を伸ばしているので安心してほしい」との発言がありました。スズランテープをクモの巣のように張りめぐらしたり、新聞紙をちぎってちぎって積み重ねたり、段ボールで囲いを作ったり、教師は素材の準備に腐心して「造形あそび」の授業を行っています。学期に一度も絵を描いたことがないこともあります。

指導要領は10年ごとに改訂されてきました。教科書会社が配布した『図工ABC』の著者は「“造形あそび”が導入されて30年、いまだ定着していない」と嘆いています。にもかかわらず今次改訂でも更に広がり、図工・美術の中心的思潮になっています。指導要領改訂のたびに図工・美術の時数減が進み、今次改訂作業の過程では芸術教科の合科、統合が議論されましたが、教科を減らさないこととして、道徳の教科化、英語の低学年への拡大が行われました。

「最近はモダンアートに対する理解が進んでいる」と言うのは本当でしょうか。もし本当だとしても、それと教科としての図工・美術とどう関係するのでしょう。モダンアートの思潮がそのまま図工・美術の教科の裏打ちにはなりません。

実体験の少ない映像の世界に囲まれて生活する子どもたち。戦争の悲惨な映像とゲームの中で破壊された映像の区別がつかなくなっている子どもたち。「想像力を伸ばしているので安心してください」という。どんな想像力なのですか。現代の生活に生きる子どもたちの現実を、もっともっと深く掘り下げて理解することが求められています。子どもたちの意識や感性に寄り添いながら、力強く生きていく確かな力を育む図工・美術の教科が求められているのではないでしょうか。生活に根ざした図工・美術の表現活動は子どもたちのコミュニケーションを育て彼らのコミュニティーを作り、一人ひとりの人格の形成に関わる大切な活動です。

私は中学生のころ、日本美術に興味を持ちました。雨の中、日本橋のデパートの「六大浮世絵師展」などに出かけたことを思い出します。そのころから描くことの楽しさ、鑑ることの楽しさが、わが思春期の悩みを癒してくれ、いつしか美術の教師になろうと思い、今日に続いています。

新しい絵の会の研究会に加わり、子どもたちの絵に関わり、ものの見方や考え方、感じ方を学んできました。子どもの絵の見方は自分自身の思想、見る人の感性を映します。子どもの心を耕し、生きる力を創り出すことは、つまり自分自身のことなのだと思うのです。

その美術教育が軽視され、消される危惧にあることを座視しているわけにはいきません。これまで、いろいろな場所や雑誌で発言してきたことを纏め、上梓することにしました。同じ主旨のことを重複したり、くどくど書いているところが少なくありませんが、意をお汲みとり下されば幸いです。

2018年12月

生きる力を育む美術教育こそ

—新しい「教科論」を求めて—

1945 年

無謀な戦争に敗れ、占領軍の兵士がどっと流れ込んできた敗戦直後の世相をあなたは想像できますか。夫や息子の戦死、空襲や原爆で焦土と化した都市に立つ人々、荒廃した農村。飢えに苦しみながら残された山河に希望をつないで必死に生きる人々。大人も子どももみんな新しい希望に向かって生きようとしていました。

占領軍による軍国主義の残り滓を排除する民主主義の諸制度、文化、同時に戦前から軍国主義に抗して民主的な文化を築こうと努力していた人々の活動が表に出て、新しい日本の文化が動き始めました。例えば憲法。2016 年、皇后が誕生日に「この一年で最も心に残ったもの」として東京五日市に残る「五日市憲法」をあげました。明治 10 年代に始まった自由民権運動の中で生れた、法の前に自由で平等を謳う民主的憲法草案の一つです。そうした前史があればこそ新しい民主主義が受け入れられたのです。ついでに、その 76 条「子弟の教育に於て其学科及び教授は自由なるものとす然れども子弟小学教育は父兄たる者の免る可らさる責任とす」とあります。教育の自由と義務教育にふれています。

占領軍がもたらした制度や文化に戸惑いながら試行錯誤が行われました。コア・カリキュラム、単元学習、◯◯プラン、△△システムなど様々な教授やカリキュラムが導入されました。

ルソーの『エミール』を読んで自由主義教育に共鳴したり、ペスタロッチの人間平等の主張に基づく人間形成の原理を学んだり、デューイの生活と経験が人格形成意識や思考に大切な役割を果たしていることを学び、実際に単元学習やグループ学習に応用しました。

教育に希望をのせて

こうした新しい教育や思潮の流入を受け、軍国主義教師だった人も、戦地から帰還して教師になった人も、試行錯誤しながら授業実践に取り組んでいきました。しかし図工、美術となると新しい風はすぐには吹いてきませんでした。長い戦争の間、美術は軍の宣伝に使われていました。軍に積極的に協力した横山大観（美術家報国会会長）が独裁者ムッソリーニに贈った富士の絵は、後光の差す富士に鶴が飛翔し、青い松原を配した“美しき日本”の図像でした。こうした美の規準、美意識が 一般にも教師にも残っていました。そこで「学習指導要領図面工作編（試案）昭和二十二年度」には

横山大観「霊峰富士」

試案とあり、新しい美術教育をみんなで創り上げてゆこうとしています。

「はじめのことば」で「図画工作の指導をする者の心得ていなければならない最も大切なことは“図画工作の教育はなぜ必要なのか”ということである。」とあり、教師の自由と主体性に委ねています。

無着成恭が村の生活や自然を子どもたちに見つめさせ、綴方で表現した文集「山びこ学校」が高く評価され、出版（1951年3月刊）されることになり、箕田源二郎が山形の山元村に出かけて彼らに会って、その確かな眼差しと表現力に驚きながら、美術の授業で描いた作品がおざなりで、古い掛軸にあるような美意識であることに気づき、版画の資料を持参して再度訪ねて授業を行い、版画文集「炭焼きものがたり」が生まれました。その年の秋、花森安治の「暮しの手帖」に掲載され広く伝わりました。何を描くか、何を美しいとするかを問うています（P54参照）。

児童画の発見

欧米では早くから子どもや青少年の美術表現について注目と研究がされてきました。F・チゼック(1865～1946)がウィーンで私的な美術教室を開いたのは世紀末で、日本の美術に影響を受けたアール・ヌーボー、ウィーンではゼツェシオン（分離派）とよばれる新しい美術運動が興り、クリムトらが活躍する時代でした。教室の外の陸軍兵舎の板塀に自由に思い思いに描く落書きに興味を持ったのが児童画研究の嚆矢（先駆け）と言われています。彼の教室は子どもの表現の可能性を最大限に与えるために、描画材料、表現方法を自分の興味に応じて自由に選べるようにし、同一教室内で制作が行われました。彼は子どもの主体的な自己表現によって子どもの有機的な成長、自我の確立を促すことを目的とし、子どもの内に潜む想像力を引き出すことを主張しました。しかし彼の主張は全くの放任ではなく、時にテーマが与えられたり共同画も行われ、基本的技術の習熟も行われました。（余談ですが、山本鼎が1916年モスクワで児童画展を見て帰国、自由画運動を興します。彼はチゼックの主張と直接ふれることはなかったのでしょうか。今も神川小学校（上田市大屋）には農村の風景やくらしを描いた作品が残っています。日本では「写生」だけが形骸化して残りました。）バウハウス（1919年～1933年）の中心的指導者でもあったカンディンスキーが児童画をコレクションしたり、ピカソ等も子どもの絵の斬新さ、エネルギー、原始時代のプリミティーブに通じるものに興味を持ち、刺激を受けたのは周知のことです。

チゼックの美術教育が子どもの自由な落書の観察から始まったように、子どもの内側に潜む創造力に対する確信と信頼を基調にしていますが、その理論的裏付けは、当時の最先端にあったフロイトらの深層心理学に向けられていました。

日本の美術教育の開化

チゼックやその後に続く美術教育者の実践が大戦中も続き、それが敗戦後の日本に伝えられました。同時にフロイトの学説やそれに続くユングに学んだH・リードの本も戦後よく読まれました。ユング学会は今でもカウンセリングの精神心療学に影響を与 えています。いずれも心理分析により表現や行動の背景をさぐろうとするものですが、特にフロイトは人間の心理を下意識の抑圧された性欲衝動の働きに結びつけて解釈しました。ですから、戦後日本の美術教育にその影が大きく投影していたのも当然ではあったのです。

1952年、久保貞次郎、湯川尚文らの発起人により「創

岩波写真文庫『子供の絵』
子どもの自由な表現の中に、
子どもの成長の源があることを
気づかせた本。

造美育協会」の創立の「宣言」“児童の生まれつきの創造力を励まし育てる”が出され、児童画の研究会や実践が燎原の火のごとく広がってゆきました。全国各地に創造美育協会の支部が作られ、お互いの授業実践をつきあわせて研究が進められました。福島創美、千葉創美、愛知創美、福井創美、静岡も活発な活動がありました。

子どもの絵が持つ清新さ、直截な生活表現は、“抑圧からの解放”というスローガンと、敗戦により得た自由と民主主義への希求と合致したのです。新しい絵の会の前身、「新しい画の会」（箕田源二郎、井手則雄、多田信作、湯川尚文、前田常作らの研究集団）が行った「子どもの目でみた日本、今日の児童画」展（1956年、日本橋髙島屋）も大きな反響がありました。同年、羽仁進の「絵をかく子どもたち」が日活系で全国上映されたり、「みずえ」誌や「アトリエ」誌でも子どもの絵が紹介されました。岩波写真文庫『子供の絵』もその一つです。岩波新書『絵を描く子どもたち』（北川民治 1952年刊）など出版も盛んに行われました。

創造美育協会の全国セミナー第1回土浦（1952年）には73名の参加者があり、1955年第4回湯田中温泉（長野県）では1670名もの参加者がありました。古い出湯の街にトンガリ帽子をかぶり派手なシャツを着て、余興でははだか踊りも繰り出しました。

新しい美術教育の胎動

こうした創造美育協会の運動の広がりの中に次の新しい美術教育への胎動が始まっていました。

新しい教育研究活動の胎動は、新しい教育学、新しい社会学、新しい心理学、新しい美学などを求め、それ等が有機的に結びつき後押しをしました。先に記した「新しい画の会」は、画家、心理学者、教育学者、美術教師、保母らの研究集団でした。

倉田三郎の実践や指摘に学ぶ

先に敗戦によって得た自由と民主主義の波に乗って美術教育が大きく飛躍した経緯を書きました。しかし、現憲法の土台になる先駆的な自由民権運動の中で生まれた五日市憲法があったように、美術教育にも明治期から試行錯誤がありました。山本鼎の自由画運動を先頭に、青木実三郎の「農山村図画教育の確立」（島根県）、佐藤文利、国分一太郎の山形県長瀞小学校の実践、佐藤哲三（新潟県水原）の実践、中西良男の「子どもの絵巻の指導」（三重県）など、記録に残された優れた実践も知られています。更に、記録されていない多くの実践がありました。その一つ、戦前の倉田三郎の実践からも学ぶものが多くあります。

倉田三郎は1902年に生れた大正デモクラシーの時代に育ったリベラリスト。1922年神田芳林小学校に勤めた氏は、当時の臨画教育を廃し自由画教育を行っています。教卓に腰掛けた姿を描かせたり、「子どもがなついてくれたことが自由画教育の土台となり」図画の時間は遊びやくらしの一コマを鉛筆をなめなめ自由に描いていたといいます。

後に1928年（昭和3年）府立二中（現都立立川高校）に勤め、先の自由画教育の精神とバウハウスの造形理論に学びながら独自な美術教育を行っています。

日光写真（青焼き）を使った「構成練習」、印刷物を利用した「コラージュ」による表現、マッチ箱などのデザインによる色彩学習。最も興味をひくのは「生活画」。多摩川での水遊び、風呂の水汲み、海水浴、奥多摩の山行。武蔵野の情景をよく映している写生（1930~40年代）、戦前戦中の美術教育の空白期と言われる時代に真摯な実践が行われました。

東京都目黒区立鷹番小学校で図工専科として、5・6年生を指導した作品。当時「生活画」と「教科論」の両立をどう進めるか、議論が盛んな頃だった。

鷹番小学校6年の作品
「登校する自分」

「…我々は自由画教育説や、創作手工教育説においてすでに、押し付けられた教育をやめて、児童の内なるものの開発に気づいていたのだが、それは方法論の欠如のため先ず失敗に帰した…」「構成教育思潮は言わば世界性に富む内容に満ちていたために…世界性の故に、当時のナチス主義や皇国主義からは相容れないのが当然で、その萌芽も摘まれてしまう結果になった」「そして過去の構成教育そのほかが遊びに終わったということは、その内容が如何に新鮮であったにせよ、その取り扱いが、美術的特殊圏の中で営まれたからであった。今日の課題は全人民の美術文化向上と浸透に置かれていることが、民主主義の精神であって、このことが『生活する美術教育』の形体を形成することになるのである…」『現代の美術教育』1950 年（河出書房刊）

この一文は今日熟読吟味するに価します。1952 年創造美育協会の創立の宣言の出る前であり、私たちの「新しい絵の会」草創の頃でもあります。自由画教育説、創造主義が方法論を持たなかったことについては、先の拙文でも触れました。燎原の火のごとく広がった美術教育が発展できなかったことの一つの原因でもあります。バウハウスがナチに追われ、日本で構成教育が軍国主義教育により排された理由も明解です。そして何よりも、真の美術文化の向上と浸透のために「生活する美術教育」の形体を形成することを説いていることです。氏は画壇でも活躍し、春陽会の重鎮として多くの美術館に作品が収蔵されていますが、「絵かき気取りで子どもをないがしろにする美術教師、絵しかかけない絵かきはでえきれいだ。」というのが口ぐせでした。氏の言う「生活する美術教育」を意味しています。

戦後の日本美術教育に一貫して流れているのは、児童画中心主義、創造主義と言われる創美以来の思潮。もう一つは「造形教育論」(美術教育と言わないことにこだわる) を主張した造形主義、構成主義。後者はバウハウスの理念やシステムとは似て非なるものです。「構成主義が遊びで終わった」と倉田が指摘するように、「美術的特殊圏の中で営まれ」日本の美術文化の向上や浸透には役立っていません。しかし、形骸化した児童中心主義と構成主義は今も引きずっています。

美術は生活をどう表現するか

「生活する美術教育」とは何でしょう。今日的に考えれば、子どもたちの生活に根差した、子どもたちの人格形成に結びついた、子どもたち自身の表現活動ということでしょう。実体験のないバーチャルの映像の中で生活することが多くなった子どもたちに、大きな問いかけをしています。私たちにとっての「生活する美術教育」も社会や子どもの状況に立ち向かい一進一退してきました。

1978 年、機関誌「新しい絵の会」を改題し、「美術の教室」として駒草出版社から出版しました。会の創設からすでに 20 年が過ぎていました。その年の宝塚で開いた夏の集会は 853 名で名実ともに盛会でした。その第一号に箕田源二郎が創刊のことばを書いています。

創刊のことば　箕田源二郎

子どもたちの手が不器用になっていることがいわれるようになってかなりの年がたつ。近頃ではからだの働きがおかしくなってしまって、本能的な身をまもるための働きさえまっとうに働かなくなっている事実さえみられるようになってきているということだ。わたしたちは、こうした事実をしっかりと見つめ、子どもたちの発達を保障していくことを中心にすえていかなくてはならないと思う。そのためには、子どもたちの生活や文化について見つめる広い

「登校する自分、みどりのおばさん」6 年

「目黒通り」5 年

視野が必要だ。（中略）

そうでなければ、さまざまな重圧のなかで成長していくことを余儀なくされている子どもたちの人間らしい発達を保障することなどできるとは思えないからである。

教育のしごとは、一つ一つのちいさないとなみをつみあげていくことですすめられるものだ。したがって、どんな題材教材をとりあげて、どんな道筋で授業をすすめていったのか、その結果である作品はどうかについてのありのままの事実を述べて問題提起をしていくことが、内容の中心にすえられていくことになるだろう。（後略）

40年前のことばですが、今日この日に書いたようにさえ思えます。箕田さんが普段に語っていたことです。まず目の前の子どもをしっかり見つめること、目の前の子どもに根差すこと、子どもの置かれた生活や文化について広い視野を持つこと。美術教育こそが創造力（想像力）を培うとか、作品中心主義の狭い視点に落ち込まないよう、何よりも子どもの描いた作品の中の子どもの声を読み取り、授業について具体的に吟味することの大切さを語っています。箕田さんが日教組の全国教研の共同研究者として県教研、支部の教研集会やサークルに出かけ、常に作品に則して語り合っていた姿がそこにあります。

「くらしに題材をとったからといって、すぐそれが生活に根差した絵というわけにはいかない」。ものを描いても、自然を描いても生活に根差した表現はある。幼児のなぐり描きの線の中にもその子の内面の世界がある。

しかし成長するにつれ生活は複雑になり、間接的体験も多くなる。生活に根差した表現を求めるなら、生活の切り口をどう作るか、生活とどう取り組むかが課題になってくる。

表現に高めていくためには技術が伴う、手のコントロールも上手に描くためでなく、子どもの内面をどうたがやしていくかに注意すべきである。「じか描き」も一つのせめ口であって絵づくりの是非ではない。絵の中で子どもが認識を深めたかを読み取ることが大事。てっとり早く、うまく表す方法を求めるより試行錯誤が大事。作品の出来ばえでなく、その奥にある子どもの感覚や認識を読み取ることが大切である。

新しい絵の会は自然や人間を見つめ、対象を通して如何に見るべきか、如何に感ずべきか、如何に表すか（「見てかく絵」）追求してきました。そうした授業でもととのった作品でない作品に、表現者の光るものが必ずあります。まして、生活や物語など自由で多様な経験を表現した作品にはその奥にある光を見つけ出すのが教師の仕事でしょう。箕田さんは、教師のものの見方、考え方の豊かさ、感性の豊かさの大切さを言ってやみませんでした。

教科としての美術教育を求めて

「10歳までは写生画（みてかく絵）は無理」という理論

美術教育にも「10歳の壁」論がありました。低学年や幼児には、みてかく絵や観察画は無理で、描かせるのは正しくないという論があります。子どもの表現は心の中からわきあがる 描きたい要求にうながされるもので、“写生”は大人の概念で“子どもらしさ”を抑制するものだという主張もあるでしょう。また、子どもの発達は抽象的なことを理解できるのは4年生ごろからという主張もあります。算数の分数につまずくのも、言葉の発達で内言語化し抽象的なことの理解が進むのも4年生ごろだから、という主張もあります。いずれにしても、「新しい絵の会」の“みてかく絵”をもの写し教育と揶揄されることが多くありました。

「工作するわたし」5年

「工作するわたし」5年

「工作するわたし」は私の鷹番小学校時代の実践です。教科論の追求が言われていたので、それを強く意識していました。全ての子が描けるには、どのように見させ、どのように描かせたらよいかに指導の重点が置かれていました。そうした課題と、くらしと結びついた題材を見つけ出そうと腐心していました。

「美術の教室」100号に載せた「目黒通り」も「冬の校庭」も「みどりのおばさんと登校」も、そうした実践でした。

「工作するわたし」はモデルの写生ではなく、その前の工作の授業でノコギリを引いた時を思い出して描いたものです。自分自身なのです。

子どもの思いと表現の手だて

チゼックが壁にいたずら書きした子どもの絵に興味を持ち、子どもの描画の発達について追求しました。「なぐり描き期」「さく画期」「レントゲン期」など、表現形式の特徴から発達の順序を明らかにしました。

しかし、「新しい絵の会」は初期のころから、そうした発達も子どもの生活や環境に大きく影響されること、ヨーロッパの子どもの表現と日本の子どもの表現の違いを明らかにしてきました。

「基底線」という造語も「新しい絵の会」で使われたものです。その線は自然発生的にも生まれてきますが、意図的に指示すると、新しい空間意識が生まれます。

「新しい絵の会」の実践では、真白い画用紙より色のついた面用紙を使うことがあります。空間意識や色画用紙の色彩効果を考えた作品になることもあります。

こうした取り組みが子どもの表現を豊かにしています。

図工、美術科の存亡が問われている

『図工のABC』(阿部宏行　日本文教出版) 36Pに「造形あそびって」という項があります。そこに「造形あそびが昭和52年（1977）の学習指導要領に示されて以来、30年余りが経った。未だ充実した活動が行われているとは言えない。」と認めています。30年もやってきてその意味や方法、成果について、評価を得ていない、定着していないことを認めながら、何で反省や再検討しようとしないのだろう。

多くの教師が、「造形あそび」で子どもの「表現力」や「感性」が豊かになったと信じているのでしょうか。「造形あそび」で“並べて並べて”とか“ちぎってちぎって”遊んでみてもこれでよいのか戸惑うばかりです。こんな図工ならなくともよいという声が聞こえてきます。かつて、西野範夫氏が「美術文化」誌の連載の中で、「造形あそびは信じようとしない人にはわからない」と述べていました。信ずるものにしか分からないのでは、教科としてそもそも成り立たないのです。阿部氏は「造形あそび」は想像力を育てる」（同上37P）「創造的な活動は未来をつくり出す」と繰り返し述べていますが、どんな想像力、創造力が育つのでしょうか。

「教科論」の必要性

「教科論」とは、それぞれの教科が存在する理由を、目的、領域、陶冶する課題、学習の方法等を構造的に示すものです。

「新しい絵の会」の取り組んだ70年代から80年にかけての「教科論」の追求は別項（「教科論」時代から学ぶこと。P70）に書いた通りです。

しかし、「教科論の追求」をした意義や成果を充分に議論し総括したかといえば、残念ながら充分ではありませんでした。

しかし、科学の教育でも、教材との関わりに子どもの感性や情動を抜きにして考えることはできません。

「工作する自分」5年

「版画をほる」5年

まして、芸術教科の美術教育においては、造形の要素や技法、用具の使い方などの体系化や順序性を追求しただけでは「表現」の本質が抜け落ちてしまいます。こうした「教科論」の追求と子どもの感性との結びつけを試行錯誤しながら実践してきました。

いわゆる困難校といわれた高校の生徒の作品（下図「自画像」）。小学校のころから充分な教育を受けず、お客さん扱いされ、絵らしい絵を描いたことがなかった生徒。学校や教師に不信を抱いていました。アクリル絵具とキャンバスを受け取り、思いの丈をぶつけていいと宮下さんの指導で描いた絵。いわゆるデッサンや写実性にこだわらず、自分の中にある二つの像、善と悪を直截に描き、表現主義風の絵になっています。このインパクトのある表現は今の教育、格差社会を告発しています。

同じように、下右図は困難校の生徒たちが、天皇のための防空壕掘りに使役された朝鮮人労働者から当時の話を聞いてポスターにした実践の作品です。差別され、疎外されてきた朝鮮労働者の声に、今日の教育の中で置いてけぼりにされてきた自分が重なり、強い共感を覚え、一世一代の力作を描きました。美術による表現、形象による思考が彼らに人間的視点を切り開きました。

こうしてみると、描きたいことと表現の方法がマッチしています。伝えたい、描きたいことが表現の形式や方法を生み出しています。タバコや暴力、一通りの悪さをしてきた生徒が、孤立していた子どもが、自分流の表現で“生きる力”をつかんでいます。

新しい「教科論」を求めて

先に何度も書いてきたように、子どもの表現は、その一人ひとりの生活を土台にしています。一人の生活、ひとりの表現を一般化することはできません。そこに美術教育の難しさがあります。子どもの生活のありのままを見つめ、子どもの感性に寄り添いながら表現活動を励まし、主体的な自我を育てていくことが私たち教師に課せられた仕事です。

子どもの作品を深く読み取り、次への成長への芽を探り一つひとつ積み重ねていくこと、言ってみれば一人ひとりのカリキュラムを作っていくことが求められています。

そうした子どもの作品を持ち寄り、職場で、地域で共同で検討していく中で、教科の役割、存在理由、表現の重要性、楽しさ、輝きを発見して陶冶する課題、学習の方法が明らかになってくるでしょう。そうしたカリキュラムはいつも書き替えられていくものですが、新しい表現が子どもを、そして私たち教師を励ましてくれるでしょう。

「自画像」
アクリル、キャンバス
高校１年
指導：宮下由夫
長野県

「自画像」
アクリル、キャンバス
高校１年
指導：宮下由夫
長野県

ポスター
「松代大本営跡」（チェ・ソアム氏）
B2 パネル　鉛筆、コンテ
高校３年
指導：米山政弘
長野県

美術の表現は「あそび」ではない

真を描く

美術の表現がどのようなかたちで行われ、どのような役割を果たすものなのか、その一つの面白い例がここにある。

下の絵は寺子屋の筆子が描いた落書きである。筆子の絵が残っているのもめずらしい。長野県中野市の旧家に残るもので、寺子屋の師匠を勤めた土屋五郎治の残した読本『室町殿物語』の表紙裏に描かれたものである。

図 1. 読本の表紙裏に残された絵

師匠五郎治は立派な髭を生やしており、団子鼻は赤い色にさえ感じられデンとしている。釣り上がった目は鋭く、大きな口からはいたずらを詰責する大きな声が聞こえそうだ。顔の輪郭を捉える線は細く緊張した強い線で描かれている。耳や眉や無精髭など細かい観察がされているが、手がなく、足や体の把握は顔に及ばない。この子にとって五郎治先生の人間像は顔に集約されている。

寺子屋では先生が読み物を読んでくれるとき、自分で自由に読むときはかなりリラックスしていたのではないか。先生から借りた『室町殿物語』が難しかったのか、飽きたのか、先生の目を盗んで先生の似顔をササッと描いた。

この頃、信州中野には役者絵や武者絵、美人画など江戸みやげの浮世絵や挿絵の入った読本が伝わり、子どもの目にも触れていた。絵師もいて、五郎治の肖像画も残っている。今ほどではないが視覚的な経験も豊かになっていた。

この子にとって先生はどんな存在だったのか。先生をどのように見つめていたのかがこの絵から伝わってくる。かなり正確に五郎治先生の人間像、真を描いている。

真を描くといえば、あまりに役者の真を描いたので役者に嫌われ、一年半で消えた謎の絵師写楽を思い浮かべる。

絵（表現）で対象を捉えることは、ことばや文字で対象を捉えるのと同じように、対象の真に迫るものである。ことばや文字だけが思考の道具ではない。対象の映像、イメージを形象化することにより、対象についてよりはっきり意識することができる。描きながら、作りながら、形象をあれこれ試行錯誤しながら自分の思いと重ねていく。

美術の表現は単に情操や感性を養うものではない。ましてそれによってのみ支えられているものではない。にもかかわらず、日本の美術教育はそれを情操や感性の領域に囲い込んでしまった。写楽もこの筆子も、情操や感性だけで絵を描いてはいない。彼らの全存在、知識、思想、信条、感性の全てを傾注して描いている。文学の表現だってそうではないか。美術になると、それを情操や感性の産物にすり変えてしまうのはおかしい。美術の表現も人間発達に切り結ぶ基礎基本的な営みなのだ。百五十年前の筆子の絵もそれを語っているではないか。

人間形成に切り結ぶ美術表現

「子どもの思考が弱くなっている」といわれる（それを「こころの問題」にすり変えてしまう人もいる）。他人の気持ちを想像できない子、自分の気持ちや考えを人に伝えられない子が増えている。乱暴する、物を壊す、落ちつかない、泣きさけぶ等々、小学校低学年の学習困難が急激に増えている。

図2「ピアノを弾くぼく」（新宿区立愛日小横山裕氏実践）はピアノを大きく画面に入れ、力強い手の表現は曲が聞こえてきそうなほど印象的である。黒いピアノと赤い絨緞のコントラストが画面を引きしめている。

この子は転校生で新しい学校になじまず、学級の中でもポツンとしていた。当初の表現も萎縮したものでなかなか描き出さなかった。専科担任の横山氏は幅広い題材を与える中から、一人ひとりが自分自身のテーマを見つけるように導いていった。彼は表題のモチーフを見つけ弾いている自分を表現する中で、改めて自分を発見した。弾く大きな指は何度も描き直して決めた。きっと正確に鍵盤を押さえているのだろう。自分を形象化することにより初めてはっきり自分を見つめ、形象を通して自分の誇りに気づき、さらにそれを形象化していった。この表現をきっかけに彼が学級の中に存在を明確にし、自ら大きく成長した。まさに表現が生きる力を生み出したのだ。

「表現」とは自分を取り巻く対象にふれ、あるいは働きかけ、驚いたり考えたりしたことを、形象に置き換え、形象とやりとりし、対話しながら対象を自分のものにしていく仕事である。同時に画面の形象と対話しながら、美しいものと出会ったこと、不安やいらだっていること、悲しかったことなど、実体験や内的体験を友だちやお母さん、先生に伝えたい、共有したいという願いも表す仕事である。

「ピアノを弾くぼく」は、描くことにより自分の誇り

図2.「ピアノを弾くぼく」6年　指導：横山 裕　東京都
外国に留学、ピアニストとして活躍、10年後この絵と対面。絵を前に横山氏と思い出を語りあっていた。

に気づき、友だちにボクを知ってほしい願い、思いを画面にぶつけている。その願い、思いは友だちに伝わった。

「Aちゃんってすごいんだ。」

美術表現は人間発達の基礎

自分の思いや願いを人に伝える方法には、文字やことばなどいろいろあるが、形象による方法だったからこそ可能だった例がここにある。

図3は長野県松代高校の生徒作品で、米山政弘氏の実践である。かなり正確な描写と構成力は確かなデッサン力を示している。しかしこれを描いたT君もその仲間も、この授業まで小学校からロクな絵を描いたことはなかった。いわゆる困難校の中で一通りの不良行為を経験してきた子たちである。

米山氏は身近にある松代大本営跡を教材に組んだ。造営に狩り出され、人間扱いされなかった朝鮮労働者の昔語りを彼らに投げかけた。差別され、疎外されてきた朝鮮労働者の生き様は、今日の教育の中で置いてけぼりにされてきた彼ら自身の思いと重なり、一生一世の作品を生みだした。生徒はきっかけをつかむとこれほどまでに成長、変革する可能性を持っていることを如実に示す実践となった。

しかも美術による表現、形象による思考が彼らに人間的視点を切り開く良き方法であったことを示している。彼らがチェ・ソアム氏の語りに感動したとしても、もし文字やことばで思考するとしたらこれほど深まらなかっただろう。

ここに挙げたように、美術の表現、形象による思考について、文科省はもとより、民主的な教育研究、教育学の中でも充分に論及され、人間発達の中で果たす役割が位置づけされているとは言い難い。私たちの教育改革を推し進めるためにも緊要な課題である。

（初出「教育」1998年12月号）

図3. ポスター「松代大本営跡」（チェ・ソアム氏）　高校3年
指導：米山政弘　長野県

図4. ポスター「松代大本営跡」　高校3年
指導：米山政弘　長野県

図工、美術教育を建て直す視点をさぐる

民間教育研究団体の立場から

はじめに

合科の危惧

この度の教育改革が明治5年の学制確立と敗戦による六・三制男女共学を中心とする民主教育の制定に勝るとも劣らない大改革になることは識者の言う通りである。そんな中で「図画工作が消える？水面下の不穏な動き＝小学校授業「縮減」で教科統合も話題に」という大きな記事が出た（1996年10月31日朝日新聞）。教育課程審議委員会委員の坂元弘直氏が日本教育新聞で「音楽と図工は統合して芸術科にしたら」と発言した。これまで「図工と音楽で3時間」という伝聞が流れ、“2：1と隔年でやればよい”などという呑気な意見も聞かれ、教科の存続には楽観的だった。

中央教育審議会会長を務める有馬朗人氏の所属する日本工学会は、科学技術教育振興を目指して活発な活動をしている。その研究協議は具体的なカリキュラムから教員養成制度にまで及び、この教育改革を好機と、充実・拡大を図るべく動いている。我ら美術教育界とは月とスッポンほどの対応の差が発言の裏にはある。

私は「美術の教室」60号（1996年4月刊）に、経済同友会の提言や文部省の研究開発校の動きをもとに「表現科」への合科を危惧し、「図工・美術は人間発達の“基礎、基本”」という小論を書いた。しかし、その危惧は一層加速された改訂作業の中で現実化しつつある。

「削るなら図工」発言

なによりも、合科、廃科の議論の中で最も身近な職場の仲間の「削るとしたら図工だね」とか「近ごろの図工ならいらない」という声を聞くと、自分の立っている足元の砂が潮に流されていくように感じる。

職場の仲間から「図工の教科書をみても授業への情熱や見通しが立たない」「ゴミでゴミを作る図工教育」と揶揄されるようになってしまったのは何故だろう。造形あそびを三年間研究し、1994年の全造連神奈川大会で発表した主任が、生活経験を描いた作品を見て「ホッとする」と本音をもらしていたのは何故だろう。

図工、美術不要論の露払い役であり、墓掘り人の役をしているのが造形あそびだ。当初、1、2年のみだったのが、4年にまで伸びてきて、新学力観の導入により、美術教育を完全に席巻してしまった。他の表現活動も新学力観と造形あそびの延長上に置かれ、図工、美術の方向を曖昧不明なものにしてしまった。

倉田三郎（東京学芸大学名誉教授）が戦前、府立第二中学（現都立立川高校）で実践した生徒作品を、多数筆者に資料として貸して下さいました。右の作品はその一部です（本文17P参照）。描写力、構成力、色彩学習、そして主題意識を育むカリキュラムを形成していました。その根底にバウハウスの理論があります。戦時下の実践として、卓越した見識と勇気ある授業でした。

デッサン

しかし、「図工削ったらゆとりどこへ」（1996年11月朝日新聞）は、前記の記事を読んだ宮城の高校生の投書で、「大好きな絵を思い通りに描き、つくる喜び、工夫すること、自分をありのまま表現すること…。私は図工を通してたくさんのことを学んだ」とあった。一般市民の声であるが故に重みのある発言である。

美術教育に情熱をかける教師は全国に沢山いる。新しい絵の会、創造美育協会、日本教育版画協会、造形教育センター、美術教育を進める会など、多くの団体がそれぞれに活躍している主体的な研究と実践からこそ、前記のような信頼された授業が生まれてくる。しかし、残念ながら、総じてメンバーの固定化、実践の類形化など停滞の気味は免れない。

図工、美術の存亡が問われているいま、それぞれの研究と実践を積み重ねながら、その枠を乗り越えて共働し、斯界の活性化と建て直しが緊要な課題である。

図工、美術教育を建て直す視点をさぐる

共同の原点

戦後の美術教育を発展させてきた団体にはそれぞれの歴史と到達点がある。しかも常に子どもの生活や教育の状況に対応しながら実践と研究を再生してきた。今、困難な状況にあって、この状況に対応し乗り越えていく視点をさぐり、更に他団体と共働し、新しい運動を構築する方途を考えなければならない。それぞれの団体の歴史と主張を踏まえつつ、共同できる視点を求めるとすれば、以下の三点に絞られるのではないか。

第一に、戦後民主主義教育の理念に立ち返ること。私たちの先輩諸氏は敗戦の混乱と焦土の中で、子どもを人格者として認め、大人や社会の抑圧から解放し、真の主権者に育てることを目標とした。徹底して子どもの立場に立った。ここには今日に通じる真理がある。

第二は多様な実践を保障し、多様な実践を実現すること。「図工・美術がやせ細っている」と指摘される。教師自身が個を確立することにより、学級、学校、地域に合った授業が創られる。教師の主体性を認めて（自主編成）こそ、子どもが生き生きとした表現ができ、図工、美術の信頼を回復できる。

第三に、教科エゴやセクト的発想から脱し、今次教科審の改革がどのように出ようと、図工、美術が子どもの成長発達にどれだけの役割を果たせるか、他団体、他領域の学者実践者と共働し、多くを学びながら理論を構築する。

以上の三点なら美術教育再生、共働の原点となり得るのではないか。では、その三点の具体的な内容とは何か。私は先達の湯川尚文と倉田三郎の著述と実践を紹介しながら説明したい。引用が多くなるが意を汲み取ってほしい。

湯川尚文に学ぶ

敗戦による混乱と焦土の中からいち早く美術教育に取り組んだ人は沢山いる。戦後の美術教育の発展を戦前と断絶してみる人がいるが、そうではなく、美術教育も戦前から連綿と続いてきたものであり、“民主主義”という新しい時代精神を注ぎ込むことにより燎原の火のごとく広がっていった。

戦前から東京・文京区の根津小学校で実践していた湯川は、敗戦直後、労働組合の本部委員になって教育条件の改善のために奔走した。氏の正義感と民主主義を求める思想の証左でもある。湯川は、

> 芸術とかの問題を抽象的に人間生活から孤立せしめて本質を論ずることなく、個々の現実的な芸術作品をその作品を生んだ社会と相関の状態において眺め、ひろく文化全般の展望のもとにその実体を把握することから始めねばならない。（中略）だから芸

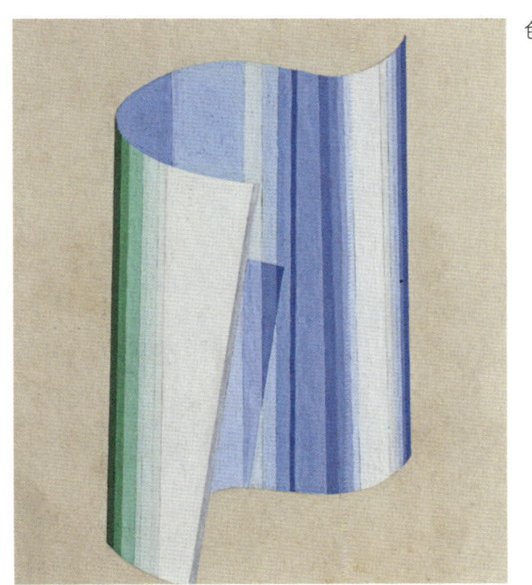

色彩による光の学習

ハイライト描写を
用いた写生

術を形而上学的な立場から論じようとしたり一般的な美の不変な形式を求めようとすることによっては決してその本質は把握出来難いのであって、どこまでも作品そのものから出発しなければならない。(『革新図画教育』、1939年刊)

と述べている。1904年に生まれ、大正デモクラシー時代に育った背骨に、芸術思潮の理解と社会への洞察が確固として形勢されている。今日の造形あそびは、まさに形而上学的な論理で語られ、社会との相関を無視したバーチャルで、人間生活から孤立していることの指 摘につながっている。氏が『絵をかく子ども』を出したのは1951年。その書中で、

つまり現代の児童画教育は、したがって教育は、子供を大人の束縛から解放し、そして子供みずからの興味や欲求によって学習をおこない、その創造性を自由にのばし育ててゆくというところから出発すべきだということを理解されたと思う。これが少なくとも、民主的な社会の教育の一番もとになっている考え方なのである。(中略)だが、私がいう創造的な児童画とは、こうした専門化されたものをさすのではない。もっとすなおな、もっと自然な、子供の生活の記録なのだ……

と述べている。造形あそびの解説でも同じ用語を使っているが、全く似て非なる思想に立っている。

戦前の自由画教育が、自然の写生をただ一つの正しい絵の教育法にしたのは誤りだし、絵は子どもの生活の記録であり、子ども自身の心と目で描いた創造的で生き生きした絵でなければならないとしている。この本を上梓した翌年、このように戦前の自由画運動の不充分さや欠点を充分に知りながら、創造美育協会の創立に関わっていった。氏が創造主義の美術教育を進めたのは、とりもなおさず、民主化が言われながら実際には民主化を阻んでいる現実が家庭に学校に、町に国にあり、真に子どもが解放され、一個の人格として遇されていないという認識に立っていたからに他ならない。敗戦による焦土と荒廃の混乱の中で、民主化を求める人々の願いと重なりあった自由画運動は、戦後民主主義の象徴のように広く国民に支持された。

湯川は「久保貞次郎氏の主張の特異な点はそれが精神分析派の心理学の上に立っていることなのだ。」と久保との間を一歩置いていた。「ニイルも精神分析だけで教育の問題がすべて片づくと考えているわけではないことがわかる」とし、久保の「まず子どもが解放されなければならない。自由な状態におかれなければならない。教師の仕事は子どもの創造的な衝動をはげますのがすべてだ。」との言に、氏は、「現状に義憤を感じている自由主義者のことばと受けとれば同感だ。」としながら、ニイルやホーマレイン流の自由の教育だけでなく、マカレンコを紹介しながら、子どもの自由を尊重し、その興味や欲求を肯定し、子どもの自発的な創造には意志が大切なことを述べ、“自由”にもいろいろな立場と解釈があることを述べている。

児童画が「生活の記録」であり、意志の大切さを随所で繰り返し述べ、子ども自らの「自己表現」であり、その環境を保障し表現を発展させてやるのが美術教育の役割だと指摘している。

戦後の美術教育の原点の一つがここにある。湯川は、晩年は新しい絵の会の常任委員であった。

倉田三郎氏に学ぶ

美術教育の国際会議(INSEA)の会長を務め、春陽会の重鎮だった倉田氏が、敗戦直後、東京多摩地区で教職員組合を組織し、推されて委員長になり、今日の都高教組の母体の一つを作ったことはあまり知られていない。湯川同様、青春時代に大正デモクラシーを学んだ(1902年生まれ)リベラリストの面目躍如たるとこ

水彩。立川の農村風景

木版画。多摩の風景

ろだ。1922年、東京神田芳林小に勤めた氏は、臨画を排し、自由画教育を行っている。

「愛すべき弟妹たちの自主活動捉進に留意しつづける。例えば、私は教卓に腰掛ける。その姿を子供らに描かせる。子どもたちの提出物にはいつも鮮明な驚きと喜びを味わされた」(「美育文化」1981年6月号)、「子どもがなついてくれた、親しんでくれた」ことが自由画教育の土台となり、「生徒の生活の中に入り込み、むりに絵をかけと言ったことはない。子どもとともに一緒に楽しむつもりでやっていた。」図画の時間は遊びやくらしの一コマをエンピツをなめなめ自由に子どもたちは描いていたという。

当時、倉田は三科インデペンデント展や二科展など前衛的団体展へ出品して試行錯誤した後、1924年第2回春陽展に出品。以来、画壇の中心で活躍してきた。

氏は美術教育者に求められる教養として、「第一に哲学すること、第二に研究的態度、第三に自身の制作、第四にあらゆる他の教育面への関心」(「美育文化」1951年9月号)を挙げているが、よく、「絵かき気取りで子どもをないがしろにする教師、絵しかかけない絵かきはでえきれえだ」と言っておられた。自らの創作と教育実践を両立させた人である。

1928年(昭和3)、府立二中現立川高校に勤めた氏は、先の自由画教育の精神と新しいゲシュタルト心理学やバウハウスの造形理論に学びながら独自な図工教育を行っている。

> 科学精神、科学技術の必要不可欠なことは今更言ふまでもない事柄でありながら、芸能科に対して浴びせかけるところの非難の中に、芸能科が一見、非科学な学科のように従来見謬られていた関係上、甚だしい錯誤が見出されるのである。美と用とはその構造に機能性を模索するはたらきを媒介せしむることに依って正に一致するものなのである(「造形教育」1942年12月号)

今、状況や主旨も少々異なるが、科学技術(特に情報技術)振興に押されて教科の存亡が問われているとき、参考になる一文である。授業では、青焼を利用した構成練習や、写真の切り抜きを利用したコラージュを取り入れている。戦後の造形教育センターの人たちの実践の原型をそこにみる。写生もよくし、武蔵野の情景をよく映しているが、最も興味をひかれるのは「生活画」である。多摩川での水遊び、谷深き山の山行、風呂の水くみ、海水浴、虫とりなど多様な題材を描いている。このようにイマジネーションを練り上げる教材と自由に自己表現する教材を組み合わせている。

> …我々は自由画教育説や、創作手工教育説に於いてすでに、押しつけられた教育をやめて、児童の内なるものの開発に気づいていたのだが、それは方法論の欠如のため先ず失敗に帰した(中略)構成教育思潮は言わば世界性に富む内容に満ちて居たため(中略)世界性の故に、当時のナチス主義や皇国主義からは相容れないのが当然で、この萌芽も摘まれてしまう結果になった(中略)そして過去の構成教育その他が遊びに終わったということは、その内容が如何に新鮮であったにせよ、その取扱いが、美術的特殊圏の中で営まれたからであった。今日の課題は全人民の美術文化向上と浸透に置かれていることが、民主主義の精神であって、このことが「生活する美術教育」の形体を形成することになるのである(『現代の美術教育』1950年、河出書房刊)

ここには、民主主義という新しい時代精神のもとに新しい文化を創ろうとする意欲とロマンがある。そして何より、生活の中での美術の位置づけ、役割など、今、その存亡を問われている問題への切り口を提示している。

青焼を使った構成練習

色彩構成、モチーフ「手」

もう一度図工、美術の役割を考えてみよう
－新しい絵の会の主張－

「基礎・基本」とは何か

今次改訂で「基礎・基本」という語が多用されているが、「基礎・基本」とは何か。経済同友会提言の「合校」論による「基礎・基本教室（学校）」は「読・書・算」を意味している。「基礎学力」と言わないのも意図的なのだが、本来、人間の思考や行動は論理的思考と感性の働きが組み合わされている。読・書・算においても論理的、系統的学習だけが「基礎・基本」ではない。

今次の改訂で中教審はエリート教育の目玉として「飛び入学」を推し出しているが、受け入れ側の日本数学学会は「人間としての知識、教養のバランスの取れた成長が大切」で、「高校二年で研究者としての才能を判定するのはまず不可能」としてそれを拒否した。（2月18日　朝日新聞）。「数学は早期の専門教育が必要というのは世間一般の誤解」であり、高い教養に裏打ちされた想像力の必要なことを明解に示した。いまだ機械的思考や暗記重視の教育に無反省な中教審委員への痛烈な批判となった。

絵を描く、ものを作る仕事も人間発達の「基礎・基本」

私たちは物を見たり、感じたり、想像したことを、描いたり作ったりしながら目の前に形象化（対象化）することにより、初めて自分でもはっきり意識することができる。何となく見ているもの、感じていることも、形象化されることによって初めてあれこれ考えることができる。描くこと作ることにより形象化されたものが、自分の思いと重なり合って初めて自分のものとなる。

子どもは自分を取り巻く世界（対象）にふれ、あるいは世界に働きかける中で、感じたり、考えたことを、どこをどう描いたら一番自分の納得できる表現になるか、あれこれ追求してみる。この画面での試行錯誤は主体的な自分さがしでもある。もとより様々な自然や事象との関わりの中から、特定のものを選び出し、対象にこだわり、絵を描いたり作ったりするのは各人の感性、価値観であり、同時にその表現が感性、価値観を深める。

手は外に出た脳であると言われるように、人間の手は道具を使うことにより、一層深い思考ができる。子どもが素材を前にしてイメージを持ち、試行錯誤しながらイメージを練り上げていくことと、道具の習熟とは密接に関係している。道具の習熟が素材とイメージを 結びつけ、イメージの発展へと導いていく。

図工、美術の授業は対象と関わり、対象を形象化することにより、対象を豊かに理解し、対象を総体でつかむ、あるいは総合していく能力を育てていく。この能力は算数など他教科では置き替えられない、人間発達に重要な「基礎・基本」である。知的学習（系統的体系的な教授を通して獲得される）とは異なり、それと置き変えることのできない大切な役割を果たしつつ、人格形成に寄与している。

今、「新自由主義」「新保守主義」が推進する「自由化」と「個性化」は、教育の市場化と画一化と新しい差別化を生み出している。経済同友会の機関誌「経済同友」1996年8月号の「21世紀の社会像を考える委員会」の提言にある「個の確立、自己責任原則、市場原理競争社会」がそれであり、今次中教審答申にある「生きる力」論がそれであり、すでに広く行われているコース制高校、総合制高校がそれである。同じ「自由」や「個性」を語りながら似て非なる現実を生み出している。私たちは現実をありのままに見つめ、そこから更なる出発をしなければならない。

（初出「美育文化」1997年4月号）

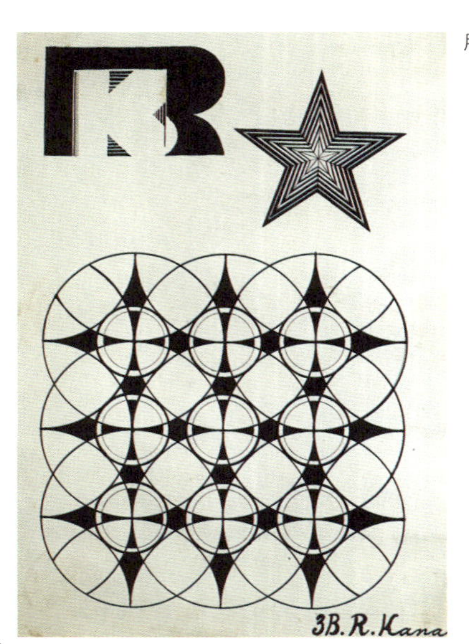

用器画

連続模様

「山行」

「漁村風景」木版　多色刷り

「ホタル」

「風呂の水くみ」

「造形あそび」一辺倒からの脱皮を

－「描く力」の復権を－

「想像力」「イメージ」とは

ヨガをやっている先輩が「毎日少しずつ修練してきて2年目になり、自分のポーズしている姿が脳裏に浮かび、目に見えるようになった」という。禅において座る目的も同じことだろう。バレエも能もみんなそうした練習の積み重ねの中から自分の姿が見えてきたとき飛躍するのだろう。

私たちの美術教育における、ものを描いたり作ったりする行為も、基本的には前記の行為と同じだろう。美術の行為は描こうとする自然や体験を、形や色や線で対象化することによって初めてイメージとして発展していく。置かれた色や形をもとに、それに加えたり削ったり重ねたり試行錯誤していく。間違えて引いた線もその線があればこそ次の正しい線、自分の納得のいく線 を引くことができる。自分の納得のいく線、色や形は自分さがしでもあり、自我の確立へと結びついている。美術は形象として対象化できたとき、イメージとして自分のものになる。

歌人の道浦母都子さんが「記憶は創り出すもの。ただあるだけでは記憶ではない。言葉にしてみて初めて一つのかたちになる」と言っているのも然り。作家の小川洋子さんが「自分の頭の中に映る映像を文字に置き替えていくだけ」というのも同じことだろう。全盲の絵本画家、エムナマエさんも「固いボールペンで線を引く。まず描き始めること、それに次々に線を加えて像をふくら ましていく。」と語っておられる。

こうした想像、イメージする行為は人間発達の「基礎・基本」である。

「造形あそび」の「イメージ」

農村の子も都会の子も悪い意味でグローバル化してしまった。子どもたちの状況は学校の「授業」として遊び的作業を取り入れなければならない状況にあるのも事実である。しかしそれが本来の美術の授業だとするのは認めがたい。

例えば、古新聞をちぎって細長くしてつないでいく。子どもたちは紙をちぎる行為を楽しみ、体育館いっぱいに次々に並べていく。最後に高い所から見て「ワァーすごい」と喜ぶ（小学3年生）、5 cm角の色カードを何千枚と用意し、自由に並べさせる。廊下いっぱいに並べていく。子どもが並べる行為に授業の目的があり、色と色の響き合いや具象的な形にしてみたいと思って

も、この授業では並べる行為を楽しませる。終わって廊下を見て「ワーすごい」と喜んだ（小学3年生）、教師としてはこうした行為を通して「造形への関心、意欲、態度」「発想、構想の能力」「創造的な技能」を育てたいと願い、評価もする。

こうした「並べて並べて」などの「造形あそび」は身体的行為を楽しんだとしても、どれだけイメージをふくらませただろうか。終わって「何に見える」と「見たて」を問うたとしてもそれは自分で創り出したイメージではない。京都の和菓子職人がいう「見立て」とは、限られた素材で季節や自然を演出し表現することであり「見立て」ちがいである。

描けない子、描かない子が増えている。しかし、それを「上手下手にとらわれる子が多いから」とか、「教師や子どもも出来ばえを意識した作品主義から脱却」することが必要だからと「造形あそび」に意味を求めるのは筋違いではないか。「美育文化」誌の連載の西野範夫氏 が「造形あそびは信じようとしない人にはわからない」と書いていたが、人間発達の「基礎・基本」に関わる「想像」「イメージ」の質を問い直し、美術の授業の役割を問い直すべきである。

私たちの「造形的あそび」

私たち「新しい絵の会」の会の仲間も「色や形による表現」として「造形的あそび」の実践をする。

好きな色を置く、その隣りにそれと響き合う色や形を置く。更にその横に前の色や形を考えながら置いていく。そうして一つの統一した画面を創り出していく。抽象的な作品を作っている作家もよくやっている。否、具象的な作品を描くときも常に画面の中の色や形の響き合いを意識しながら仕事を進めている。風景を描いていても単に対象の色ではなく自分の判断した色であり、作者のイメージする世界、こだわりの世界が創り出される。「色や形による表現」は一人ひとりの色感や混色など、色を創り出すことや、バルール、構成を楽しみながら習得していく。色感や構成は一人ひとりの自我と個性の世界を表わしている。「色や形による表現」に子どもたちがよく集中して仕事をするのは、なによりも自分自身を安心して表せる「癒し」の世界だからでもある。

美術教育におけるIT機器の利用とイメージ

10年も前の「美育文化」誌の作家インタビューに横尾忠則氏が出ていた。氏はコンピュータを「直感装置」として、いろいろな画像の加工や変換のツールとして使っていた。現今のデザイン界はオペレーターとクリエーターの区別がつかないほどコンピュータは必須のツールになっている。身近な印刷やレポートもIT機器で画像処理、加工したものがどんどん増えており、子どもたちも使いこなしている。しかし美術教育において、シャガールとゴッホを組み合わせた「新しいイメージ」を作ったとしても、どのような意味があるのだろう。デジカメで風景を撮って絵にして繕っているのもよく見かける。そうして育った子が美大生となって、目の前のモデルをデジカメの映像を写していて、モデルさんに怒られたという。目の前の美しい形象を自分の心で読み取ること、上手下手にこだわらず自分のイメージを表現にすることがどれほど大切か、そのことを教えることが美術教育の仕事ではないか。IT機器の彩度の高い画像や印刷物、ハイビジョンTVを見なれている私たちだが、プロは自然の本物の色が出せないと嘆いている。自然の色のニュアンスやデリカシーを体験させるのも美術教育の役割ではないか。私の教えたデザイン科の卒業生たちがこぞって「学生時代こそ手仕

事を徹底して体験させてほしい」と言うのもむべなるかなである。

「描く力」の復権を

まだ文字を持たない4歳のA君。クワガタ博士と言われるほどクワガタ大好きで、採ったり育てたり描いたりしている。生き生きしたクワガタの絵は対象への認識を深め、感性をふくらませている。描いて周りの人に見せる絵はコミュニケーションの役割も果たしている。幼児の絵は芸術に発展していく芽と科学に発展していく芽の人間発達の原点がある。こうした「描く」行為を、人間発達の重要な行為として誰でもが認めるのだが、年齢を積み重ねていくと何故か軽視される傾向にある。「描く」ことが科学的、芸術的認識のパートナーであるならば、「描かない、描けない」子の増加を深刻な問題として受け止めねばならない。

小学生の絵の調査で、朝食の様子を描かせると人物が出てこなかったり記号のようにしか表せない絵が急増している。そこには朝食を家族で一緒に食べないなどの社会的な問題も含まれているが、何よりも描くことそのものの体験の欠如があることも重視する必要があるのではないか。

PISA（国際学習到達度調査）で日本の学力の質が問題になった。新学習指導要領の改訂にも少なからず影響しており、国語重視を打ち出した。国語重視は否定しないが、作文のレポートの方法や枚数まで指導の内容として指定するとか。「書く」ことは、何を書くか、どう書くか、子どもと教師の豊かなやりとりがあって初めて可能になる。図工で「描く」のも同じこと。教育基本法、教育三法の改訂と相俟って授業の中身まで管理されることが危惧される。「読解力」の不足が算数のテストの結果に表れたとして国語の時数を増やした。PISAが求めている自分の考えを持った子、人に自分の意見を伝える力のある子に育てるのなら、図工美術の授業における表現の力、特に「描く力」の復権も重視されねばならない。そのためには「造形あそび」一辺倒から脱却して、自由で創造的な授業を保障すべきである。

（初出「美育文化」2008年1月号）

「水族館のクラゲ」 小学6年　山崎風芽
市の図工展に学校代表の一つとして出品された作品。日常の生活をモチーフにした絵画表現はほとんど見られない。

「じんこうえいせいにのって火せいに上りく」
小学1年　山崎大地
宇宙や空想の世界を題材にしたものが多い。絵を描く授業そのものが大きく減っている。

図工・美術は人間発達の「基礎・基本」

－“教育改革”の動向を見つめる－

教育改革の方向をつかもう

教育改革、いよいよ大詰めへ

この拙稿を書き始めた2月22日の朝日新聞に、「学校「完全5日制」明記」との小さな記事が載っていた。第15期中央教育審議会の第一小委員会の審議報告素案に明記することを決め、報告は今春に出されるとのこと。この号が出版されるころには教育改革が大きく動き始めている。第一小委員会は「今後における教育の在り方及び学校家庭の地域社会の役割と連携の在り方」を討議する会で、「現在の学習指導要領では5日制は月に二回が限度。完全実施には教育課程の根本的な見直しが必要」との立場から素案が出される。そもそも5日制を実施することは「学制改革以上に画期的な変化」と言われるほどの大改革につながる。いや、つなげようとしている。戦後の教育改革は六三制、単線型、義務教育などの根幹には触れず、数度の教育課程の改訂、教育行政のなし崩し的運用を行ってきた。今次改革はその根幹をつき崩すものである。言うまでもなく教育の荒廃は極に達しており、「日本は教育によって滅びるのではないか」（ドイツの教育学者ミシェル氏が、訪独した田島一彦氏に語った言葉）と言われるほどの状況にある。拡大した矛盾を一気に取り繕ろおうとするものだが、矛盾は一層深刻になることさえ考えられる。

私たち美術の教育を進める者たちも、「図工・美術科はなくなる」「いや、なくならない」との議論の段階から、現在の教育改革の内容を検索し、その方向性を見極め、充分な討議を加えて、私たちの提言や方向性を示して行くことが緊要な課題となっている。

すでに行われている「新学力観」や「造形あそび」は新しい教育改革の露払い的役割としてすでに広く行われている。この稿がそれらのあり方（現在の指導要領）とこれからの図工・美術の向かうべき方向について豊かな討議が巻き起るきっかけになればと思いながら書き進めたい。

事の始まりは「週休二日制」から

昨秋ドイツに旅行した折の土曜日のこと。賑わうフュッセンの街で、洋品店やスーパーで買物を楽しみパン屋で昼食を買って12時。ベンチでパンを食べていると全てのお店の戸が閉じ始め、人影も消え、俄に静かな街に変わった。その急変に驚き、その徹底さに感心した。

ドイツでは土曜日の12時閉店が徹底しており、世界

「経済同友会」の主張を広報する理論誌。
委員会、部会の報告や提案が多い。
（1996年8月号、表紙は都立工芸高校
デザイン科卒業生、野田亜人の
ペーパークラフトによるイラスト）

一少ない労働時間（年間1651時間、日本は2387時間〔1988年度〕。『豊かさとは何か』暉峻淑子著、岩波新書による）を守っている。フュッセンの住宅街を歩くと、200坪以上ある家々にはキャンピングカーが目につく。土日の休みに家族で郊外に出かける姿がみられる。晩秋の午後、広大な牧草地の一角でサッカーをする子ら（学校は1時まで）を眺めながら、彼らの“ゆとり”と“豊かさ”のなんたるかを考えさせられた。

そもそも日本の週休二日制は、貿易黒字の削減交渉でアメリカからの強い要求で始まった。産業界は仕事量も人員も変えずに土曜休業を強要。それを政府は文部省にも要求、1992年9月より月1回の土曜休日を始め、1995年4月より2回に拡大、いよいよ完全実施へと進もうとしている。産業界と同じく仕事量（指導要領）も人員（教師や学級定数）も変えることなく行われた。

「社会の変化に対応した新しい学級運営等に関する調査研究協力者会議」という長い名の文部諮問機関（月2回の5日制を答申）の名の示すように、あくまでも、社会の変化に対応するために導入されたのであり、ましてや、いじめや受験勉強に追われる子どもの状況や教育現場の実態から生まれたゆとりを求める発想ではなく、政府や財界の要求により、上から下に押しつけられたことは明らかである。

国民的合意や国民的要求によって学校5日制が導入されたのではないことは、私学の対応を見れば一目瞭然。土曜の朝の電車は私学に通う小中高校生で異様な感じさえする。現在の私学は“試験地獄”といわれる入試制度の陰で伸びてきた。大学合格者数でランクを決められている私学は、その維持に存亡をかけており、のんびり土曜を休んでいるわけにはいかない。むしろ他より抜きん出る好機と捉えている。冒頭に書いた第一小委員会のヒヤリング（1995年10月23日付）で「日私中高連合会」の代表は「私立学校のうち中学校の実施率は半数に達していないが、これは保護者の意向に基づくもの、私学は保護者の意向を無視して運営することは不可欠である」と述べている。今の教育を象徴している。

経済同友会と日教組が共働へ

このように日本の労働者の長時間労働についてアメリカからの黒字減らしの要求と、労働者からの時間短縮要求から週休二日が求められ、財界は政府を動かし新たな方向を模索し、今日の教育の荒廃状況を逆手に取り、それを利用して「提唱」してきたのが、「学校から“合校”へ」（1995年 4月発表）という経済同友会の主張である。

この「合校」論は第15期中央教育審議会の小委員会構成をはじめ、その委員会の討議内容はもとより、最近の研究発表校の内容にまで大きく影を落としている。これを下敷きにしたような教育改革論や、地域の学校の研究発表や文部省指定校の研究発表（後述）をみるに、かなり根深く浸透していることがわかる。

それればかりではない。この「合校論」に対し、日教組の委員長が「“合校”の現実化をすすめたい。刺激的な経済同友会の提唱」としてこの改革案に「心からの共感を覚える」と「季刊教育法」103号に 一文を載せている。

また日教組教育新聞（1996年 2月13日付）では、全国教研の委員長挨拶を載せ、冒頭で「日教組は国民的合意形成を重視する運動方針を決定し、経済四団体とのフォーラムの開催や……協議、意見の交換をすすめてきた、」（四団体とは経団連、日経連、商工会議所、経済同友会。同友会は企業経営者が個人で加入する組織。委員会を作っていろいろな提言や政策発表をしてきた）と述べている。更に「学校を開こう、地域の風を吹き入れよう、すべての教育関係団体、関係者が共

「総合科」設置打ち出し
第一小委の報告案
学校「完全5日制」明記
時期は示さぬ方向

朝日新聞

1996年2月13日（火曜日） 日 教 組 教 育 新 聞
「合校」の現実化すすめたい
刺激的な経済同友会の提唱
横山英一
現場教
いじめへ共闘の努力を
学校を開こう 地域の風を 吹きいれよう
財界の動向に注目

1996年2月13日付
日教組教育新聞

同のテーブルにつき共同の努力を傾けよう…」と呼びかけている。その教育改革の視点は「第一点、教育が制度疲労していること。第二点、情報化、国際化等社会の構造的変動を迎えていること。第三点、環境、人口、食料、南北問題、つまり人間の安全保障は全地球的な問題」と発言しており、同友会、文部省のそれとほぼ変わりない。

このように日教組中央が「合校論」に賛意を送り、共働で改革論議を進めようと主張していることは重要な意味をもっている。かつて日教組は中教審の「期待される人間像」などを明確に批判して歯止めの大きな役割を果たした。しかし、日教組が積極的に協力する姿勢を示したことは、この「合校論」を軸に教育改革が短時間に進められることが推察され、看過できない。

文部省の研究会では

昨年12月1日に国立教育会館で開かれた研究会で発表した、福島大教育学部附属小学校のレポートがある。このレポートは今日の教育改革の方向を典型的に示しているといえよう。このレポートと経済同友会の「合校」論を綯え合わせながら読んでいくと今次改訂の姿がはっきり浮かんでくる。

福島大附小のレポートは冒頭で「現行カリキュラムはますます高度化複雑化しており、」「社会の要請」で「"○○教育"として30を越える教育課題が提起されて」(それが何であるか不明だが)、「学校は飽和状態」という。

「合校」論も、「1.我々が「提唱」したいこと—学校のコンセプトを考え直そう— 学校を「スリム化」しよう。」という項から始まっている。「今の学校は学力形成だけでなく人格形成も期待され、様々な課外活動や生活指導、進路指導など種々雑多な役割を抱え込んでいるために、1.個性を生かす教育を進めたり、2.教員が創意を活かし工夫をこらす、などの余裕がないだけでなく、3.国民共通の「基礎・基本」の指導という義務教育本来の目的さえ充分に果たせなくなっている」と述べている。

「合校」論の「スリム化」とは、即ち今の学校を解体し、全く新しい発想で新しい枠組みとして、「基礎・基本教室」—「体験教室」—「自由教室」とするものである。そして、「文部省は今、新学習指導要領の実施、五日制の拡大…、大がかりな改革に取り組んで」おり、「われわれの考え方と軌を一にする」し「こうした改革の方向についても賛成する。」が、「学校に依存しすぎている状態を是正することが先決」で、「問題はこの改革を実際にどのように」制度改革するかだとしている。

学校が飽和状態であるとか、1.2.3.の目的が果たせなくなっているとしても、その原因が何であり、改善の方向をどう求めるかの議論は大いに起こされるべきだが、その議論の基本には、「個人の尊厳を重んじ、真理と平和を希求する人間の育成を期する」という教育基本法の前文が軸に据えられねばならない。

学校を改革せねばならないとする本当の理由は福島大附小の言うように、「社会の要請の変化」であり、「実は高度経済成長期に勤勉型の人材養成を求めてきた経済界は、こうした主張を既に示し始めている。「学校から「合校へ」と唱える経済同友会をはじめ日経連、経団連も、創造性に豊んだ人材の育成を期待。多くの勤勉な労働者より一人の「ビル・ゲイツ」(コンピュータソフト会社社長)が必要というわけだ」(前出毎日新聞2月22日付の「解説」)との指摘こそ正しい。

教育改革や教育課程の改訂は、いつも社会、即ち経済界の変動によって行われてきた。

今、日本の産業界は低賃金の東南アジアへ工場を移したり、米国で現地生産したり、産業の空洞化が進んでいる。「期待される人間像」型の勤勉型の労働者だけ

東京都立工芸高等学校のデザイン科は、将来デザイナーやイラストレーター、編集者、工芸家を目指す生徒が学ぶ専門の学科です。3年間の学習の約半分が実習、実技の学習です。最近コース制の課程による○○デザイン科が増えています。

25P ~ 31Pに並べる作品は、その一部です。パソコン、写真、木工、陶芸など幅広く学びますが、手仕事による平面的デザインの基礎的な部分です。(51P 参照)

表現技法、表現材料を変えてみる。

でなく、日進月歩の科学技術の発達の中で企業を支えるのは、斬新な企画力と開発力を持った小数のエリートと位置づけられ、「リストラ」の名で既に強力に進められている。

まさに今次改革は今までにない根本的な方向転換であり、戦後の民主教育の根幹を崩すものである。言うなら、教育のリストラが行われようとしているのだ。

「合校論」のいう「個性を生かす」とは

「合校論」の言う「個性」を生かす教育は両輪からなり、すでに一部は実行されている。

一つはコース制の高等学校の急増である。“高校の多様化”あるいは“個性ある学校づくり”の名で広く学校改革が行われている。東京では、デザイン美術、生活デザイン、造形美術、自然科学、生活・科学、外国語、国際教養、情報・数理 など多彩である。

コース制の高校は多く普通高校であり、“学力”の低い子の集まる“困難校”や“低辺校”と呼ばれる学校が、教育委員会の働きかけに応じ、議論を尽くし、少しでも良い学校にしたいとの願いからコース制を導入している。職業高校に比べ専門の単位数が少なく、どれだけ専門の技能を習得できるか疑問である。A高校美術コースは「全員美大進学希望です」と教頭は答えていたが、果たしてどうなったか。

もう一つは単位制高校、「危惧される大学予備校化」(朝日2月26日付家庭欄)とあるように、県内有数の進学校が導入しつつある。もともと単位制高校は定時制であり、転学者を受け入れる学校だが、新設校はいずれも転入者を認めない。

このように既に“できる子”と“できない子”のための“個性ある学校”が実現している。加えて、「合校」論の眼目の一つである「飛び級」が加われば、“個性を生かす教育”は完結する。

道徳の重視

福島大附属小のレポートは、「まず、「求める人間像」を明確にすること」から始め、「現在は、物が豊かになる一方で、心の貧しさが叫ばれ、心の在り方が問われている」と記している。

学校に行きたくても行けない不登校の子どもたち、いじめに苦しむ子どもたち、いじめなければ自分がいじめられると思い込んでいる子どもたち、みんな心の貧しさや心の在り方のせいにしている。

今また、学校の「荒れ」がひどくなっており、「荒れ」は低年齢化し、小学校でも「授業ができない」ほどにひどくなっている。東京では山の手の大田、杉並、渋谷がひどく、かつての校内暴力と様相を異にしている。体育館で車座になってビールを飲んでいる、そんな子たちも「物が豊かになって」「心の貧しさ」からそうしているというのか。

1995年の「オウム」の一連の事件は日本中を震撼させた。高学歴者集団の彼らが受けた教育の在り方が問題になった。それも「心の在り方」に帰着するというのか。

福島大附属小は「このような時期だからこそ、学校教育全体を通した道徳教育を一層充実させ」、学校の根幹に位置づけるとしている。

「合校」論も、「基礎・基本」を教える教科と、日本人としてのアイデンティティを育む教科、道徳だけを学校で教えると強調している。「合校」論のまとめ役、桜井修氏(住友信託相談役)が「戦前は少なくとも良かれ悪しかれ「教育勅語」が教員のバックボーンになっていた」し、「修身」という教科を考えた明治時代の日本人の知恵は「見事なことだと思う」と述べている(「季刊教育法」103号)

道徳を軸にする教育で子どもが救われたことはないし、“個性”が尊重されたこともない。

「いろいろな表現」高校3年　ドット表現、ハイライト表現、鉛筆、補色、いろいろな表現技法により、同じモチーフも印象が大きく変わる。

楽しい学校はどこに

福島大附属小は「教科の学習」を中心にして「特別活動を発展的に解消」するとしている。

「合校」論もその眼目で「学校を「スリム化」するために、遠足や運動会などの行事や部活指導をなくそう」と提唱しており、桜井氏（前出）は「高等学校にサッカー部のあるのは世界でも珍しい。諸外国ではスポーツは学校でやるものではなく」地域のクラブでやれば良いという。

学芸会も展覧会もなくし、「体育も「富国強兵」のために行ったものを戦後も引きずっているだけで」それらは地域社会に任せて、学校は「基礎・基本」の教科と道徳だけやればよいとする。

仮に百歩譲って午後は好きなことのできる学校にするとして、そもそも学校という集団の場は人間形成にとってどんな役割を果たすのか。

教科の学習にしても、それが「基礎・基本」の教科であるとしても、その学習において集団はどのような役を果たすと考えているのだろうか。

学校とは集団による共同の場であり、共同により学び合い、共同により人格を形成していく場である。

学力形成にも集団の共同がどれほど大きな役割を果たすか、言うまでもない。授業の方法としてだけでなく、集団の共同が問題解決に大きな役割を果たす。

子どもたちが学校に喜んで通うのは、学校が楽しいからだ、それが教科の学習であれ、様々な活動であれ、共同により目的を達成する楽しさがあるからだ、その仲間がいるからだ。日進月歩の電子メディアが発達し、教育に導入されても、その原則はなくならないだろう。

話は少しズレるが、3月15日付朝日新聞に、中教審第一小委員会（前出）の中間報告案がまとまり、「不登校に中卒認定試験、復学固執せず」と出た。不幸にして不登校に追い込まれた子も本当は学校に行きたかっただろう。学校に連れ戻すことの良し悪しは別として、本来集団で育つことが望ましい。問われるのはその集団である。

近年、特に人間関係づくりの不器用な子が増えていると指摘されている。私の高校でもその傾向は強い。自信が持てない子、友人を作れない子、人間不信に陥っている子など。高校生でも3年間2～3人の友だちとしか口をきかないで終わる子もいる。人との触れ合いを面倒くさがり、葛藤をさける。自己だけの世界に浸る一方、刺激の強いものを求める。不器用さは意志の伝達だけでなく相手の気持ちをイメージできない。周りのことばかり気にしながら、自己決定ができない。だから抑圧感が蓄積され、いらいら、むかついている。

そんな子どもたちを午後は好きなスポーツクラブやアトリエに通えばよい、「どうしても「学校」という集団になじまない子のための「自由教室」もあっていい」というのでは、生きる力はどこで育まれるのか。いずれも「地域社会はこうした学校の課外活動（遠足、運動会、行事、部活など）を肩代わりするだけでなく」「祭りや伝統芸能など」や「地 域興しやボランティア活動」の子どもの面倒をみることで、地域の教育力を回復させることができるとしている。すでに少年野球やサッカーのチームがあり、部活より多様な人々と楽しんでいるとする（女子の参加するスポーツクラブはめったに聞かない）。

もともと、地域の共同体は自分たちの共同体の維持発展のために子どもたちへの教育を一貫して行ってきた。今もその努力が続いている。しかし地域の教育力、村の教育が萎えて久しい。その原因をあげるのも難しいことではない。子どもの側から言えば、受験競争に追いまくられているし、親の側から言えば、三ちゃん農業からじじばば農業になり、働き手は長時間労働に追われて子どもたちの面倒をみるのが難しい。お金の

「注文の多い料理店」高校3年
絵本づくり

負担もバカにならない。例えば、都下秋川市二宮地区の「子ども歌舞伎」も役を覚えて中学生になると、学習塾に通い出す子で元のもくあみ。雪国のスキークラブは親の年間負担は何十万円もかかるし、ごく一部の上級者以外は小学校卒業で終わる。リトルリーグの野球もサッカーも、親の負担で成立している。ドイツでは時間的余裕だけでなく、村や町の中心に教会があり、精神的にも財政的にも地域を支えており、日本を同じレベルでは語れない。文部省は社会教育における公民館活動を民間カルチャーセンターに委託しつつある。「合校」論 の言う企業や民間の参画の論と軌を一にする。楽しい学校はどこに行ってしまうのだろう。

もう一度図工・美術の役割を考えてみよう

「基礎・基本」とは何か

これまで何度も「基礎・基本」という言葉が出てきた。それでは「基礎・基本」とは何か。いずれの場合も明確ではなく、曖昧である。全員が最低学ぶべき学習内容のことなのか、身につけるべき能力のことなのか。「小中高で同じ事を繰り返し教えている」から「内容を精選する」ことを意味しているのか。

「基礎学力」と言わないのは意図的なのだろうか。「基礎」とは辞書には「土台」とある。梅原利夫氏（『子どものための教育課程』青木書店）によれば、「読・書・算」はあらゆる基礎学力の土台として歴史的にも問題にされてきたという。とすれば、福島大附属小やA小が国語、算数を旧教科名で残しているのも「基礎・基本」と位置づけているからだろうか。

「合校」論でいう「基礎・基本」は「読・書・算」と置き替えても差し支えあるまい。

梅原氏は、基礎学力は学力の重要な中心部分であり、「学力は人間的諸能力のうち、教育内容の体系的な教授を通じて客観的に伝達可能であり、かつ学習によって獲得されたことを判定することができる能力である」としている。「体系的な教授」で「客観的に伝達可能」で「獲得されたことを判定」できるものは「読・書・算」にも当てはまる。これらは「抽象や概念形成を可能とし、分析・総合を基軸とした思考力、探究力の形成に寄与する」、つまり、科学的あるいは論理的認識の基礎的な部分に位置している。

大事な感性の働き

梅原氏の言うように、「体系的な教授」「客観的に伝達可能」で、「判定」できることが学力であるとすると、図工・美術はその範疇に入らない。

しかし、本当にそうだろうか。人間の諸能力をいろいろに分類することはよしとして、人間が「生きていく力」（文部省も言っているし、新しい絵の会もそれをテーマにしている。）を獲得し、確かなものの見方や考え方を豊かに育むすじ道には、「体系的」で「客観的」に「判定」できないが、感性を軸にしたすじ道も重要なすじ道としてある。その獲得したものの見方や考える力も「抽象や概念形成」や「思考力・探究力の形成」に寄与する力である。

「空想力がなければ物理学も化学も完全に停滞してしまうだろう。なぜなら新しい機械、新しい研究、新しい実験の方法を考え出すことも、新しい化学的組織を推測することも、それは全て空想力の所産なのです」とある心理学者が書いている（もう30年も前のことだが）。 論理的で概念的世界を扱う数学でさえ、最も大切なものとして想像力を挙げている。「読・書・算」を「基礎・基本」とする人々、それを今後の教育の中心に置こうと考えている人々も、「読・書・算」を単なる知識の教育、論理的あるいは機械的思考の教育とだけは考えていまい。それぞれに感性や想像力の豊かな作用を

絵本「こぐま」（一部）高校１年　安井和枝

含むことを考えているだろう（機械的計算や暗記重視の授業になっている今の教育の反省は別として）。

いずれにしても、一人の子どもの中で、知的、あるいは科学的・論理的学習だから、感性は問題にしないとか、その逆に図工・美術の授業だから知的、論理的思考は問題にしないと切り離して考えることはできない。それぞれが両輪となって発展し人間発達に寄与していく。

「基礎・基本」という前記のように「体系的で」「客観的」「判定できる」ものとして「読・書・算」と挙げるが、決してそうではなく、感性を軸にした教科も重要な「基礎・基本」であることを 明記しておきたい。

絵を描く、ものを作る仕事も「基礎・基本」

A子ちゃんは算数や作文はできないけれど、のびのびとしたすばらしい絵を描く。算数や作文の時間はおどおどしているのだが。一方B君は、頭のいい子といわれているがほとんど絵が描けない。像が結ばない。担当の横山裕氏は「図工は総合的なもの、イメージで対象を捉える。算数や作文は 論理的な思考が中心になる。後者を優先する教育の中でA子ちゃんらはゆがめられている。」と。

A子ちゃんは映像、イメージで現実を正確に把握している。イメージで把むことで、充分生活する力をつかんでいる。

「芸術のリアリティは科学的真理とは違いますが、ちがったしかたで現実をつかむもので、やはり客観的現実への妥当性です。単に主観ではないと思います」という永井潔氏の言葉（梅原氏の前出の本の孫引き）の通りです。A子ちゃんのように科学とは違ったすじ道で現実をしっかりつかんでいる。

小誌12ページの宮下氏の実践にあるように、数学や英語の苦手な“不振児”で、いろいろ問題行動を起こす生徒たちだが、彼らの心をゆさぶる宮下氏の授業の中で、自分自身を見つめる内面の耕しが深められ、彼らの内側から出てくるイマジネーションの表現に、自画像としてのリアリティーがある。色の組み合せ、使い方は、自由で現代的な感覚さえ読み取れるし、それぞれが自分なりの構成を考えており、表現主義的だが内面を表現しており、リアリティーがある。いわゆる写実的表現ではなく、むしろ表現主義的だが、各人の今を語っている。彼らは作文など論理的思考ではこれほど自己の内面を見つめ表現することはできないかもしれない。美術表現だからできたともいえよう。そこで彼らは自己を主張し生きる力へとつなげている。これを人間発達の「基礎・基本」と見ないで何と言おう。

人間的感性を育む

私はこれまで意図的に「美」とか「美的情操」とか「美の教育」「芸術教育」という言葉を用いなかったし、ふれなかった。もっぱら絵を描く、物をつくることが人間発達の「基礎・基本」であることを強調してきた。

もとより様々な自然や事象とのかかわりの中から、特定のものを選び出し、対象とのこだわりの中で絵を描き物をつくる形象化の行為を通して、自分自身のものにしていくことが美の発見であり、美の形成である。特定のものを選び出すこと、対象にこだわることこそ各人の美意識であり、美的感性である。様々な事象の中から何にかかわり、何にこだわるかによって美意識が個別化して形成される。幼児の時から様々な事象に触れ合うことの大事さと、より良いものに出合うことの大事さがそこにある。幼少年期におけるみずみずしい感性は、より多くの事象とふれあい、より多くの形象 化を通して、より豊かな美意識を形成し、同時に豊かな美意識によって増幅される。

絵本「よだかの星」（一部）高校１年　河本恭子

新しいメディアの時代こそ、図工・美術が人間的感性を守る

中教審の第二小委員会は「社会の変化に対応する教育の在り方」を討議し、その中で「マルチメディア時代の教育の在り方」をテーマにしている。すでに子どもたちを取り巻く文化としてマルチメディア、電子メディアは大きな影響を生みつつある。良かれ悪しかれ電子メディアに子どもたちがのみ込まれているのは事実だ。「親心をくすぐる？幼児用パソコンブーム、100万台突破の製品も」（朝日新聞家庭欄）とあるように、昨年の国内パソコン出荷が500万台を突破したのと比例して急増している。親はパソコンの予習になると考えている。「パソコン教育と思ってはいけない」（おもちゃ美術館・多田千尋氏）と言うが、幼稚園でもパソコンを"授業"に導入するところが増えている。ゲームのできる年齢になればテレビゲーム漬けになっている。

幼児向けパソコンにも機能の上下はあるが、お絵かきソフトを使えばペンタッチであれマウスであれ、絵を描くことができる。新しいおもちゃと思えばよいという意見も、教育玩具と受け止める人も、すでに電子メディアはよけて通れないものとしてそれを否定する意見は見当たらない。はたして問題はないのだろうか。

そもそもパソコンとは何か。言うまでもなく道具である。『マルチメディア時代の子どもたち』（産調出版）に、「水彩」というソフトを使ってバリ島の子と日本の子に絵を描かせた結果、バリの子はバリ独特の絵画技法で絵を描いており、コンピュータは「表現のための道具」であり、それぞれに個性ある表現ができていると評価している。

しかし、本当に個性ある表現ができているか。良く見るとどちらも同じソフトで描いた特徴が歴然としている。描いている題材は違うし、年齢も違うので表現はかなり違うが、よく見ると同じソフトから生まれる共通性が感じられる。最近はいろいろなソフトがあり、「パステル」調に表現することもできる。しかし、同じ「パステル」を使っていると「ごんぎつね」も「手ぶくろ買いに」も、同じイメージになりがちだ。

プロのデザイナーはCGでイラストやパースを描いたあと、自分の手で筆を入れ、そのソフトの匂いを消し、個性を出す努力をする。もとより同じ道具では同じレベルのものしかできない。デザイナーが補筆するのは当人の感性であり、これまでに培われた感性である。コンピュータは本物のパステル、水彩、油絵具の疑似表現でしかないのだ。コンピュータの「パステル」を本物のパステルと思い込まれるのも困るし、プリントアウトされたピカピカツルツルした一様な画質から育つ感性にも怖さを感じる。

それに、ファミコンの簡便さも疑問だ。確かにキーをタッチするだけで瞬時に色を変え、あれこれ好きな

絵本（一部）高校１年
皆川じゅん子

色を探す便利さはある。しかし、便利であれば全てよしではない。水彩ならチューブから色を出し、水を加え、色を加えコントロールしながら自分の色を作り出し、慎重に画面に置いていく。時にははみ出したりにじんだり失敗もする。色を作り描きながらイメージをふくらませていく最も大切な行為がある。いろいろある道具の中からパソコンの利便さを必要とするときが来る。その時パソコンを豊かに活用するためにも本来の道具をきちんと使いこなしておくべきだ。

現代のテクノロジーの進歩により本来人間の持っている感覚器官の働きや生理的な自己調節システムを鋭敏に使わなくてもすむ生活に囲まれて、子どもたちの感覚器官や調節システムが著しく退化している。機器への依存やマニュアル化(生活も)により、すぐ諦めたり、失敗を極度に恐れ、いったん失敗するとパニックになってしまう「耐性の弱い子」が増えていることも。感覚器官や調節システムの陶冶のために「大人の援助で“生活”を体験し快と不快の両方の味わい…経験の積み重ねによって、バランスを崩した先行体験が定着しないように補完」してやる必要も指摘されている。

もともと仮想現実はNASAの宇宙ステーションの応用から活発に利用されるようになったと言われ、現に、パイロット養成にコックピットのシュミレーターが使われている。しかし、パイロットはそれに乗り続けると仮想空間にばかり馴れてしまうので、いつシュミレーターから抜けるかが問題だという。つまりリアルとヴァーチャルを混同してしまい、「シュミレーションシンドローム」に堕ちてしまうという。テレビゲームに感情移入して泣いたり叫んだりする子に、仮想世界と現実世界の違いを教えるのは難しい。湾岸戦争をテレビゲームと同じだと言い、サッカーを戦争だと言う映像の混同が日常化しつつある。

このように過度に電子メディアに依存し振り回される子が急増している状況をみるにつけ、もっともっとプリミティーブな体験、遊びや絵を描いたり物をつくったりする主体的な行動こそが必要だと痛感する。

(初出「美術の教室」60号1996年4月)

絵本「John はにわとりだった」(一部) 高校1年　伊牟田耕児

教科として残った図工・美術

教科としての市民権の確立を

変わらぬ“芸術教育軽視”

日本ほど美術展、展覧会が成功している国も珍しいと聞きます。洋の東西、縄文から現代、美術、工芸、デザインなど全ての領域で、見たいものがいつもどこかで開催されています。私たちは日常生活の中で当たり前のように芸術を享受しています。最近は美術館、大学が独立法人となり、企画展で成績をあげねばならず、次から次へと「これは見逃せない」「一生に一度の」芸術展が催され、人でごった返しています。私たちはこうした展覧会を通して、芸術文化を享受しながら、良くも悪くも自分の美意識や感性、思想を形作っています。大きな展覧会ほどその展覧会の見どころ、作品鑑賞の視点をメディアで流します。そして多くの人がそれを確かめに会場に行き得心します。展覧会は大きな「教育」の役割を果たしています。

同じように人間の美意識を育てる根源に図工・美術教育があり、指導要領があります。それなのに不思議というか腑に落ちないのが今次指導要領改訂を巡る識者、父母、そしてメディアの反応です。美術家はもともと学校の美術教育に興味が少なく、教育に大作家が発言したことはありません。むしろ美術教育から距離を置くことを由とする人が多いようです。昔、InSEAの会長をした倉田三郎が「美術の教師をバカにする絵描きと絵を描かない美術教師はでえきらいだ!」と言ったことがあります。大作家も小学校、中学校で図工・美術の授業を受けて育ったのですが、自分が美術に目覚めたのは、それとは関係なく、むしろそれを否定する人が多くいます。“芸術教育”の発言は全くと言っていいほどありませんでした。わが会の三嶋真人さんが朝日新聞の「視点」欄に投稿したら、「話題性に欠ける」と返送されてきたそうです。

同じ原稿を「しんぶん赤旗」に送ったら半頁割いて大きく取り上げていました。文化や教育や子どもたちを見つめる編集者の視点が問われています。

「芸術科」選択制の導入も

今夏の京都集会で課題別ゼミ「新学習指導要領を考える」に出ました。中教審芸術専門部会委員を勤めた東良雅人氏（京都市教育委員会指導主事）が出席して下さり、新指導要領作成のいろいろを話していただきました。これからそれを広めていこうとする人と、目の前の子どもたちに視点を当て指導の内容を創ってい

北斎「富嶽三十六景　遠江山中」

こうと主張する私と立場は違いますが、美術教育が瀬戸際にあるという認識では一致しました。

私は「美術の教室」160号（1996年4月刊）に「図工美術は人間発達の“基礎・基本”－教育改革の動向をみつめる－」を書き、当時の経済同友会が打ち出した「合校論」の芸術教科の選択制について批判し、美術教育、芸術教育の重要性と位置づけを早めるよう呼びかけました。次の1997年8月の第38回花巻集会の基調提案でも同じ主旨を呼びかけました。今次改訂作業が密室的状況で行われ、情報が何一つ伝わってこない中で、「合校論」が浮上してくるのではないかと危惧していました。今次改訂では中学美術の選択がなくなり、一層厳しくなりました。東良氏は専門部員なので、制度、時数について発言できる立場ではなかったのですが、中教審や政府自民党の「経財諮問会議」の圧力を感じ、次の改訂で美術が残るかどうか不安を感じると言っておられました。

もし、今次改訂で美術と音楽を「芸術科」として選択制になっていたとしたらどうでしょう。例えば中2～3年で英語を1時間ずつ増やすとなっていたら。

全国教研の討議の中で

教師の管理強化と多忙の中で図工の教材研究をしたり、準備することが困難になっています。おざなりの授業でお茶をにごすには、「造形あそび」は都合がいいといいます。この夏の京都で行われた全教の全国教研、美術教育分科会で、こうした状況を「美術教育の危機」と東京から参加した先生が指摘していました。自分は、どんなに指導要領が変わろうと「目の前に子どもがいるかぎり自分の授業をする」と言っておられましたが、教科の存在が問われているとの認識が広まっていました。

職場の同僚から芸術教育軽視について危惧する意見もあまり聞かれません。学力問題や道徳の強化に関心が集まっており、今の図工・美術がどれほど学力問題と関係しているのか、どれほど人格形成に結びついているのか見えてこないからです。一方でキミ子方式やサカイ方式などで描かれた絵が図工美術展に多く見られるとの指摘もありました。

図工、美術を専門とする教師の多くは、今次改訂の文言がほとんど変わっていないことから大きな変化はないと受け止めています。むしろ、「造形あそび」という文言が明記されたことにより、それが「格上げ」されたと評価する人もいます。また、内容が整理されて「目から鱗」と歓迎する人も多くいます。実際、先の東良氏は、内容を整理したので分り易くなったと好評だと自賛していました。

文言があまり変わらず（国語、社会、生活、音楽）、従来の継続と思わせたり、「表現」「活用」「実感」などの語を加えただけ（算数、理科、図工など）で、「小幅な補強」といわれたりします。しかし、「内容」や「内容の取り扱い」に重要な変化があるのが今次改訂です。すでに多く指摘されているように、例えば国語のレポートの書き方では、量や方法まで枠がはめられています。図工では1年生でクレヨンと明記されました。これまで絵の具の方が表現の幅が広がると思えば積極的に使用することもできました。来年からはかなり用具等にも枠がはめられてくるでしょう。

「学力低下論」に勝てない「造形あそび」

芸術にこそ自由がある。自由な活動なしに芸術は成立しないと、「造形あそび」を肯定する教師は少なくありません。形式主義や技術主導の美術教育の否定として「造形あそび」を肯定している人もいます。自分の自由な創作の延長をそこに投影して考えている人もいます。芸術教育は人格形成に大きく寄与すると信じて「造形あそび」を実践する人もいます。

北斎「富嶽三十六景　御厩河岸より両国橋夕陽見」

そうしたリベラルな人たちの願いはどう実現しているのでしょう。文科省の調査でも「図工が好き43%、まあ好き30%、合わせて70%超（4～5年生）」になっており、「造形あそび」の存在の意味を主張する人もいます。しかし、それは競争主義、自己責任の教育に追いまくられる現在の教育の反面を示しているにすぎないことで、図工・美術が人格の形成や学力の形成や美術文化に 近づけてくれたと思っている人はごく少数です。そうしたリベラルな人たちの願いも含めて「造形あそび」そのものをもう一度検証するときにきているのではないでしょうか。

これまでの文科省の要領を貫いている思想に、“情操教育、情緒の安定”があります。音楽や美術の芸術は生活の添えもの、アクセサリーとしか考えない思想があります。音楽や美術に親しむことが豊かな生活や人格者のシンボルとして展覧会に行くことに通じます。しかし、最近はそうした考えは克服されつつあり、芸術はもっと生活と結びついており、人間生活にかけがえのない営みであると認められてきています。ものを作ったり表現することが脳の活性化に大きな役割をしていることも脳科学の進歩で明らかになってきました。

この10年の急激な“IT革命”の対極としてものづくりや、描いて表す仕事の重要性と役割が問われています。「造形あそび」肯定派の人たちの願いも含めて、学力低下論議に食い込む美術教育の内容と方法を明らかにすることが求められています。

かたちの教育力 ―新しいプログラムを―

まず、描くこと

「絵を描かない子描けない子」の問題が語られて久しくなります。その原因については、実体験の欠如、テレビ映像による受け身の生活など、いろいろ指摘されています。どれも正しいと思うのですが、まず描くこと、描く機会を与えることをもう一度検証してみましょう。私たちの幼少のころは絵本もオモチャもほとんどありませんでした。「お絵かき」は重要な遊びだったのです。壁やふすまにいたずら描きしたり障子を破いてみることも。広告の裏はほとんど白だったし、ツヤのない紙なので絵を描くのに好適だったのです。今は乳幼児の時からものがあふれています。乳幼児から良書をと良い絵本もたくさん出ています。図書館から良書の絵本を借りてきていつも新しいものを見ています。しかし自分から描くという能動的な行為はごく少なくなっています。裏の白い広告を取っておいてお母さんと一緒にお絵かきをしたらと言うのですが、今時そんなと言います。

ぐるぐるでも、お人形さんでも、ポケモンでも、トーマスでも、自分から描くという行為は、読んでもらう、見る、聞く行為と基本的に違い重要なことです。描く場を与える、描く機会を作ることが、いま大事になっています。描くことから全てが始まります。繰り返し描くうちに物と物との関係や空間を知覚し、ドラマや感性を培い、芸術的認識や科学的認識へと発展していきます。

いろいろな表現方法を

「上手、下手の差が出るので絵は描かせない」と「造形あそび」をやる人もいます。「描いた絵は一人ひとり違ってもいい、個性があっていい」とも言います。問題なのは上手、下手ではなく、それぞれの子どもが描いた絵を深く読み取り、共感しあうことができるかどうかです。そのためには、描いた絵と時間をかけて対話することです。よく見ていると不思議とその子らしさ、言いたいことが見えてきます。そうした経験を積むことも大切です。

晩夏から初秋の早朝多くみられる赤富士。じっとみていると動き出し、人々の動きさえ感じてくる。横山大観の金屏風の富士も雲の上にあるが、人々の生活のにおいは感じない。二つを並べて見ると、感性の違いが見えてくる。

北斎
「富嶽三十六景・凱風快晴」

NHK TVの「趣味悠々」で「似顔絵」をやっていました(2017年11-12月)。私たちの実践で「友だちの顔」や「自画像」をよくやりますが、対象をよく見ながら描きます。そのTVでは顔の部品をお正月の「福笑い」のように動かして、対象のイメージに合った像にしていきます。コツを覚えると誰でも似顔絵が描けます。写楽の役者絵は役者の真を描きました。最近ボストンで写楽に劣らぬ歌川国政の役者絵が見つかり話題になっています。江戸時代のイラスト、浮世絵は、世界に影響を与えた芸術品ですが、真を描き、人間的なものが芸術の基本です。

マンガチックでもいい、図式的な表現でもいい。その中に描かれたことに共感しあうことが次への発展の基になります。今日の子どもたちにとってマンガは重要な存在です。サブカルチャーなどと言わず、漫画で表現することをもっと取り入れて活用すべきでしょう。一コマ漫画、四コマ漫画で思いや願いを表し、コミュニケーションを深めることができるでしょう。漫画家を志す少女に「漫画は小説に劣る」と言って悲しませてしまったことがあります。今は漫画家として大活躍しています。漫画の表現性、可能性は言うまでもありません。

生活に根差した「デザイン」を

「もの」は使う人の思想を表しますが、同時に使う人の思想や感性を作ります。今日の図工、美術では領域として「デザイン」はなくなりました。しかしデザインの真の意味を掘りおこし、かつての「消費者づくりのデザイン」ではない、「もの」づくり、表現活動の幅を広めるものとしてのデザインを追求してほしいものです。

今次要領では「活用する」がいろいろな教科に出てきました。図工、美術は図表やイラスト、ポスターなど「活用する」場面が多くなるでしょう。「活用する」を大いに活用すべきでしょう。そもそも生活に応用することをデザインの領域としていました。タブローとしての絵や彫刻だけでなく、生活に結びついたものづくりも表現です。

歌人の道浦母都子氏が「記憶は創り出すもの。ただあるだけでは記憶ではない。言葉にしてみてはじめて一つのかたちになる」と言っておられます。作家の高岡よしお氏も「記憶とは、化学反応のようなことを起こし、それまでになかった記憶を作り出す。すでにあるものどうしが思いがけなく結びつきをすることにより、それまでになかった新しいものを生み出す」(朝日新聞)と述べています。図表やイラストにすることは、記憶やイメージをまとめ定着させるだけでなく、新しいイメー ジを作り出し、記憶やイメージを高めていきます。さらにコミュニケーションという表現の重要な役割を果たしました。 総合学習や他教科で「活用する」を活用するだけでなく、図工、美術の教科の本質に関わる仕事として位置づけられると思うのです。

(少し脱線。「東大に受かった生徒のノートを分析して開発した」というコクヨの新しいノートの広告に、図表や絵が多く使われていたとありました。科学の論理や概念、イメージや記憶は、形象にしたとき、はっきりとそれを認識できることを実証しています。しかし、コクヨの新ノートは、罫線に点の目印をつけたので、図形などを正確に書きやすくなっていますが、かえって点を目印にしてしまうので、目測する力、形を知覚する力は働かないでしょう。最近、デザイン科の入学生でさえ、漫画は上手でも紙の一辺を目測で三等分、四等分できない子が増えています。目測は遊びや生活経験の中で身につく人間の能力の大事な一つです。)

横山大観「群青富士」

「道徳」との結びつきを心配する

鑑賞の中で

冒頭に書きましたが、美術作品は見る人の感性や思想を形作る働きをします。例えば横山大観は戦前、膨大な富士の作品を描きました。大観といえば富士、富士といえば大観。定式化して自己模倣のように描きました。彼がムッソリーニに日本精神を説き、ヒトラーに「旭日霊峰」を描いたのも、日本美術報国会会長として軍部に協力したのも、筋金入りの皇国史観によるものでした。

藤田嗣治は戦争画をリアルに描き、「アッツ島玉砕」の死闘の様子で鬼畜米英の感情を国民に鼓舞しました。日本画家は、藤田ら洋画家の戦争画に対する責任追及ほど追及されませんでした。しかし日本画家の多くが、神話、歴史上の故実による出征などの絵を描いて大和魂を鼓舞しました。先般、横山大観の大回顧展があり、高階秀爾氏が高く評価して大観の復権を説きました。私は心寒い思いをしました。同じ富士でも北斎の富士は江戸庶民が生活の中で見る富士、仕事の場で見る富士、旅先で見る富士、荒波の中から見る富士など、リアリティーと人間味を感じます。北斎と大観の富士を並べて見ると芸術とは何かの一部が見えるでしょう。

今次要領では鑑賞の重視と日本の作品について鑑賞するようになっています。日本人だから日本の作品が理解しやすいとか、親しみを感じるわけではありません。冒頭に書きましたが、作品についての見方やポイントを教えられて鑑賞するのでなく、知識を確認するために見るのでもなく、まず自分の目で素直に見ることでしょう。教師は子どもが最初に発した感想と言葉から、絵との対話を深めていくべきでしょう。

ポスターで徳目を？

主題が本当に作者の心の中から出たものでない場合、生活の絵であれ、ポスターであれ、見る人に共感が伝わりません。頼まれたポスターや公共ポスターをいやいや描いたものに良いものがあるはずがありません。標語も何か空々しくなります。それだけではありません。「平和」とか「いじめ」など社会性の高い題材でもおざなりの上辺だけの作品をしばしば見かけます。自分の心の中を表現した作品でも空々しいものがよくあります。そうした作品は、文字に頼ったり、図式的な説明調になりがちです。下手でも作者の苦労や本音が読み取れる作品に共感します。先に書いたように「活用する」ことが重視されて、ポスターなどが増えそうです。道徳の時間に徳目をポスターに描く、などとならないよう願っています。

「美育文化」誌が新指導要領について特集を組んだら、誰一人道徳との結びつきについて言及する人がいませんでした。編集子が悲憤慷慨していましたが、むべなるかなです。

（初出「美術の教室」85号2008年5月）

戦時中のポスター「戦果に応へよ金属回収」

同「支那事変国債」

想像力、未来を切り開く力

現実と自己を変革していく「想像力」

「想像力」とは

私は2014年1月に長野市で開かれた全国教育研究集会（全教）の美術教育分科会の報告を実行委員会ニュースに書きました。その見出しは「想像力、未来を切り開く力」です。その中で「想像力とは、現にあるものをどのように作りかえていくかを考える力です。図工美術だけでなく、表現の教科の軽視による想像力の欠如が学力問題や成長に影を落としており、確かな実践をもとにこの仕事の意味を職場に広めていくことを約して終わりました。」と書きました。

私は「想像力は現実をありのままに見つめ、それをよりよく変革する力、新しい価値を生み出す力」と学生時代に学び、以来ずっと、自分の授業や新しい絵の会の研究討議、それに自分の創作のことを通して、「想像力とは」と考えてきました。

しかし、教育の中ではますます「想像力」を育てることとは逆な方向に進んでいます。子どもたちが事件を起こすたびに、人格形成、人間発達の中で「想像力」の役割や位置づけが抜けていると痛感し、危惧しています。

大江健三郎氏、奥平康弘氏の視点

そんな折、憲法を守るために結成された「九条の会」での大江健三郎氏の「想像力」を持って新しい現実をつくり上げていこうという話や、全国教研での奥平康弘氏の「憲法と想像力」における「想像力」の位置づけに“わが意を得たり”というか、確信を与えられました。

大江氏は「私の大学の卒論は『サルトルの想像力』でした。ずっと想像力について考えてきました。わが国の文学をやる人もそれ以外の人も想像力をまじめに考えない、しっかり定義しないと感じてきました」としながら、「想像力とは、共通のもの、きまったものとしてそこにあるものを受け取るのではなく、生き生きとした活力あるビジョンにする、そういうABSのふるまいだ」とし、「一人一人が生きていく力として、そのたびごとに発見していくのが想像力だ」から、そういう想像力を持って憲法をみつめ、現実を見つめ、現実を（憲法の本来の理念に）作り変えていこうとよびかけています。

奥平氏は、改憲を進める人たちのいう、新しい時代に合ったものにする、とか、「環境」などをつけ加えるだけだというまやかしを質し、「環境」とか「プライバシー」とか、条文や文言になくとも憲法の理念や、す

「ゴミ戦争」小学6年　指導：梅原信子

「温暖化」小学6年　指導：梅原信子

でに明記されている条文で法律を創り出してきた。想像力を持って憲法を発展させていくことが大事だとしています。法を可もなく不可もなく運用するときは想像力はいらないけれど、法に対する意志、法（憲法）を生かすためには想像力がなくてはならない、と語っています。

大江氏、奥平氏の言う「想像力」は現実に向きあう、現実を変革しようとする意志を持ったものとして捉えています。40年前に学び合った「想像力」の定義と底通すると思うのです。大江氏はフランスの思想家、ガストン・バシュラールの説を引きながら、「想像力」について、一つは子どもが空想で描く絵で使われる想像力。一つは、自分がそこにいない場所で起きている、例えば、ミサイルを打ち込まれ傷ついたり苦しんでいる人々のことを想う想像力。それらの想像力を認めながら、それらと区別して三つ目の想像力として、現にあるものとは別のものに、どのように作り変えていくかを考えるのが想像力だとしています。

今日の子どもたちの状況を考えながら子どもたちが生きる力をつかみ、新しい人格を形成していくためには、豊かな想像力が必要ですが、その「想像力」の意味に、大江氏、奥平氏、バシュラール氏の視点を加えていくことが重要なのではないでしょうか。

美術教育と「想像力」

梅原さんの実践では

大江氏のいう二つ目の想像力は、ナイチンゲールの「わが子を失うような、あなたには経験のない悲しみにも共感できなければならない。その感性がないなら看護婦になるのはやめなさい」という言葉に通じます。

大江氏はルソーが『エミール』の中で、「他の人の痛みを自分の肉体のこととして（当然に自分の心のこととして）感じとることができるのは、ただ想像力によってのみだ」と書いていることを引用しています。感性として、人格にまで高められる力は、現に目の前にはないけれど自分のこととして受けとめる想像力によって形づくられることを言っています。

私たち「新しい絵の会」の実践は、ここでいう想像力を育むために多くの力を尽くしてきました。夏の研究会、小学校高学年の分科会で発表された梅原信子さんの実践で見てみましょう。(P37)

東京郊外の消費文化に押し流されがちな現代っ子たち。時には渋谷に遊びに行き、こわいおじさんに監禁されて大騒ぎになった子もいる子どもたち。写実的な表現やじっくり観察することの苦手な子どもたちに、別な描き方、表現の仕方はないものかと、シャガールやミロの作品鑑賞も組み合わせながらやった実践です。

子どもたちが描いた題材は、戦争、ゴミ問題など様々です。最初見たとき、6年生にしては稚拙だなと感じましたが、よく見ていると、9.11やイラク、ゴミ収集車やらに子どもたち自身の気持をだぶらせて描いています。直截的な、シンプルな表現の中に子どもたちの苦しみや思いが反映しています。「昨年からの人間社会の状況が、子どもたちの心の奥にもきっちりと影を落としていることを痛感させられました。」とレポートにもあります。

今年はブラックユーモアが多かったとありますが、この表現を通して、作品になった自分自身を見つめることによって、彼らは今までの自分から、一歩前へ出たのではないでしょうか。

大江氏、バシュラール氏の言う三つ目の「想像力」に向かっていると自信を持っていいのではないでしょうか。とりもなおさず、「想像力」豊かな授業－目の前の子どもたちから出発し教材を組み立てた構想力（イマジネーション）が、子どもたちの自発的な表現を引

恩師倉田三郎氏は、戦後間もなく美術教育の再生のために活躍されましたが（P16参照）、世界に目を広げ「美術教育国際会議（INSEA）」の会長として外国に出かけました。その折に貰い受けた子どもたちの絵を日本に紹介しました。なんと豊かな表現で村の生活、街の暮らしを描いていることでしょう。西欧の明るい児童画は戦後日本の美術教育に、大きな刺激を与えました。

「私の村」マリア・スムレカル
11歳　スロバキア

き出しています。

「観察」の大切さ

9月10日のNHK FM「日曜喫茶室」という番組で、小説家の小川洋子氏が、「私は、文字が頭の中に浮かんでくるのではなく、頭の中に浮かんだ映像をじっと見つめていると、登場人物が動き出すんですよ。私はただじっと観察しているだけなんです。それを文章にするだけなんです」と言ったら、司会のはかま満男氏が「それが才能なんだよ」と受けていました。私たちだって夢想したり、頭の中で反すうしたりすることはありますが、小川氏のように、鮮明な映像を思い浮かべることはできません。小川氏は街でも、普段の身の回りのことでもじっと観察するのが好きだと言います。そこにこの優れた小説家と私との違いがあるようです。

ところが、このじっと観察することの大事さが最近の教育ではないがしろにされています。私たち「新しい絵の会」は創立のころから、この見ることの重要性を取りあげ、「観察による表現」「見て描く絵」として実践してきました。今日、その仕事の意味は 一層重要になっていると思うのです。

「見て描く」仕事の重要性

「未知への探求－脳科学最前線」というシンポジウムの報告が新聞（朝日新聞、2004年2月27日）にありました。宮下保司氏（東大教授、認知神経科学）の発言に「人間の想像力つまりイマジネーションというものはどのような起源を持っているのでしょうか。現在の結論から言えば、見ることと記憶すること、この基礎の上に、さらにもう一つ、大脳の前頭葉の発達とともに進化してきた力によって、こうした能力が実現してきたことがわかってきました」「私たちの見ている世界は、色や輪郭・形・動きといった属性ごとに、大脳のある領域に、内部表現として再構成されて保存されています。」そして、「自由にものを想像する場合」のメカニズムと「目の前にあるものを見る場合」のメカニズムによって異なる信号が貯蔵庫の活性化をうながすのだそうです。

やっぱり見ることの大事な役割を脳科学者が実証しつつあります。小川氏のようにじっと観察したことは、ぼんやりした像も、描くこと、書くことにより対象化され、いっそうはっきりした像として、属性ごとに貯蔵されていくわけです。

ちょうどこの雑誌が出版されるころ、NHKの「人間講座」（テキスト有、翌月再放送有）で、安野光雅氏が「絵とイマジネーション」をやっています。安野氏は実際に写生をしたり、自分の作品の制作過程を示したり、面白い“実験”をしながら、知覚の問題、対象の見方の問題、を楽しく考えさせてくれます。「よく見て描く」、「遠近法の実験」「自画像を描いてみる」など、見て描く仕事とイマジネーションの結びつきに大半を割いています。

想像力の源泉が幼少年時代の豊かな体験にあったこと、あの戦争中の絵の具も手に入らない時代でも、看板屋のペンキをもらったり、食紅などで絵を描かない日がないほど描くことが好きだったといいます。

私たちの実践でも、「アクリル絵の具による自画像表現」「美術の教室」60号（宮下由夫、困難校といわれた高校の実践）、「描画材を変えてみたら－表現の可能性と現実の子どもたち－」同75号（新津栄、クレパスで表現を一新した6年生の実践）、「にわとりの家族と子どもたち」同72号（吉瀬ちまき、にわとりとの結びつきを大切にした1年生の実践）、「こねる、ひねる、彫る、焼く、型取る」同69号（若杉儀子、彫塑による表現）、「描くことから始めよう－すべての子にスケッチの心を－」同75号（三嶋眞人）などなど、子どもたちにあった表現方法や子どもたちの身近な題材を掘り起こした実践があります。

O.イルシッチ　11歳　スロバキア

シャルタン　8歳　フランス

しかし、見て描く仕事は古い、という圧力に押されてか、斬新な実践が少なくなっているのは否めません。

「描写」の復権を

「モダニズム」の歩んだ道

「再考、近代日本の絵画」展を見た赤瀬川原平が朝日新聞（4 月 15 日付）に「絵から描写が消えていく道」という文を載せています。

「現代の美術は描写というものをどうして捨ててしまったのかとつくづく思う。描写という束縛から逃れて自由が欲しかったという気持はわかるが、自由というそのものには実体がない。その自由に直面した後悔のありさまを見ているのが現代美術の様相になっている。これは大人の美術に限らず、子どもの教育にもいえそうだ。」現代絵画は「ふつう一般の人には何故こんな汚ないパネルに何千万円も払うのかとまったくわからないだろう。」「現代美術は、その考え方のお作法を知らぬものには何も見えない。何か見えたとしてもそれはお作法だけのようである。」と書いています。「大人の美術に限らず、子どもの教育にもいえそうだ。」という部分は特に共感します。

ちょうど「具体美術協会」の創立 50 年にあたり回顧展が開かれました。(2014 年 3 月)、建築家の安藤忠雄氏は「具体の作品を初めて見たときは、震えるほどの驚きを覚えました。足で描いた絵や電球だらけの服などがあるのですから」と、「関西の自由な精神、今の日本に欠けている自由な精神こそ人々の、自分の心を、揺さぶった」というのです。自由な精神はよしとして、「人のまねをするな」というリーダー吉原治良の言葉は奔放で奇抜なアイデアを生みましたが、見る人の共感や現実をどれほど反映したのでしょう。

こうしたモダニズムの思想と形式が「造形あそび」に投影しているわけです。現代美術はわからないと言

「私の部落」シュベラ・アドリアン
13 歳　スロバキア

「ボヘミアン」セペク・イバンカ　スロバキア

うと「わからなくていいのです」と解説されます。「造形あそび」も「わからなくていいのです。結果が問題ではなく、制作の行為に意味がある」といいます。どちらも描写を捨てた抽象です。そのくせ結果として残ったものに題をつけたり意味づけをしています。こうした 描写を捨てて“自由”を獲得したかのような「造形あそび」には想像力を育む何ものもないのです。

「抽象」について考える

私たちの「描写」とは「くらしの絵」「見て描く絵」「物語の絵」、あるいは立体によるそうした表現を意味します。私たちの実践にも抽象そのものに意味づけしたものもありますが、多くは「描写」の色彩や構成力を豊かにする見通しの中で組まれています。こうした実践の意味をもう少し集団的に検討する必要を最近感じているのですが、どうでしょう。

例えば、夏の研究会の実技講座「造形あそび」入門で新津栄氏が行った「抽象表現を楽しむ」。一般の「造形あそび」とはひと味違います。出来上がった作品に一人一人完成の充実感を味わっていました。

自分の好きな色画用紙を選び、パステルの淡い色彩で画面いっぱいに描いていきます。一つの色を置くと、それに刺激されて次々と色を置いていきます。そこで終わらず、その上に、工作君というペンキみたいな強い色彩のトーナーカラーを重ね塗りしながら強弱のバランスを取っていきます。流しがけ、不定形な形、それぞれ違った「個性」が表れた作品になりました。作者の集中力、色を選ぶ決断力など緊張感が出ていました。「私も、抽象画家になれるんだ」と思った人もいたかもしれません。

こうした「抽象」と「描写」の関係を検討してほしいのです。

「村の結婚式」 スロバキア

「村祭り」ポドリプニカ スロバキア

今こそ「描写」の仕事を

子どもたちの生活や意識は、IT機器が教育の中心に入ってきて、一層実体験から遠ざかっています。自然の素材にふれて物を作ることも少なくなりました。

東京の美術大学のデザイン科の授業で、人体モデルを描かせたら、携帯（カメラ付）を取り出し、写真に撮って、携帯の画像を見ながら画用紙に描いていたそうです。当然のことモデル嬢に抗議され、実習室に携帯の持ち込みを禁止。

目の前にある本物の美しさから感じ取ろうとせず、画像をなぞらえることしかできないところまで、IT機器に囲まれて育ってきているのです。こうした子どもたちにとって「抽象」の仕事の意味を考えてみたいのです。

抽象をグラフィックデザインに活用したデザイン界の大御所、亀倉雄策氏が、30年も前に、「抽象イラストレーションほど描きやすく、また描きにくいものはない。曖昧な抽象形なら誰でも描けるが、本当の抽象は厳しい。グラフックデザインが抽象ブームといわれるが厳しい抽象デザインはほんのわずかである。（中略）四角、三角、丸の大小を取り交ぜてダイスのようにテーブルの上にばらまけば、偶然にみごとな抽象を作るかもしれない。この偶然のような抽象を抽象デザインと思っている安直さが我々デザイナーにある。これは抽象ではなく単なる流行のパターンである」（『デザイン随想』、美術出版社刊）。

当時はそれでも手で描いていたのですが、今日はコンピューターで安易に抽象が作られています。図工、美術でもまったく同じことが行われています。

NHK TVの「課外授業」でコンピューターグラフィック作家の河原敏文氏は、「先にコンピューターを使わせてはだめ」といい、まず紙に手で描いた像から始めていました。 現場のデザイナーは「学生時代にはできるだけ沢山の手仕事をしてほしい」と口をそろえて言います。

参考になる言葉だと思います。

（初出「美術の教室」77号 2004年11月）

「水車小屋」マルズジ　11歳　スロバキア

表現者を育てる「描写」の復権を：1

子どものリアルをめぐって

「街の働く人、穴をあけている工員」小学５年

「おひゃくしょうさん」小学５年

「たたみやさん」小学５年

「お母さんが家計ぼをつけているところ」小学５年

「新しい絵の会」の源流

創美の研究運動の中から

「新しい絵の会」の発生は皮相な“創美批判”に始まったわけではない。創造美育協会が敗戦後の憲法、教育基本法施行に象徴される民主化の中で、教師に“教える”ことについての革命を与え、個人の自由の確立に大きな役割を果した。それは「新しい絵の会」にも受け継がれ、今日にも 生きている。最も重要なのは当時、アメリカの占領政策が朝鮮戦争を軸に大きく変わり、民主主義と自由が脅かされていく中で、社会的視点の欠如にあった。創美草創のころから中心的に活動していた千葉創美（池田栄、遠藤英次、木内治郎、村上香、大溝栄子ら）、福島創美（佐藤昭一、鈴木五郎、君島主一ら）、福井創美、近畿美術教育協議会（栗岡英之助ら）、研究集団「新しい画の会」（後述）が 1956 年に日常的な研究交流をめざして「美術教育全国協議会」（美全協）を結成した。その基底には「安保体制への抵抗の姿勢」（井手則雄）があった。子どもを取りまく社会への危惧が連帯の共通認識にあった。

1955 年、創美第 4 回湯田中セミは、封建思想や文化の残滓が色濃い温泉の町で“新しい教育”に意気軒昂であったが、その中心には、創美のハイカラ主義になじまない、まだ地域の遅れた文化、生活と闘いながら実践する、後に「新しい絵の会」を結成する多くの教師たちがいたことを見逃してはならない。

敗戦とともに持ち込まれたアメリカナイズされた文化が教育、思想に色濃く浸透したが、今日の政治や教育、文化もアメリカを通した目でしか考えられていないのは、創美草創のころと大して変わっていない。

箕田源二郎の『炭焼きものがたり』

私たちの「生活画」を溯って源流に近づくといくつもの川が流れ込んでいるが、その一番奥の湧水は箕田源二郎の『炭焼きものがたり』だ。

この稿を書くにあたり、無着成恭の『山びこ学校』（1951 年 3 月刊）を再読した。当時の中学生は重要な労働力であり、学校に行きたくても農作業を手伝い、労働に苦しみながら労働を尊び、原価を割る供出に苦しみながら生産に励み、なぜ、どうしてと疑問を持ちながら未来に希望を持ちつづけ、それを作文や詩で表現した。読後の感動は、今の子どもたちと一緒に読んでみたいと強く思った。彼らの作文、詩を東京の出版社から本にする話が進み、箕田が挿絵を書くことになり、山元村に出かけ、無着と会う。箕田が美術教育と深くかかわる契機となった。

山元中学校の生徒の生活や自然を見つめる目の確かさ、表現の豊かさに比べ、美術の授業で描いた作品はおざなりで、そえものでしかなかった。彼は東京に戻り、中国版画を資料に借りてきて授業を行った。卒業をひかえた 2 月のこと、最後の文集「炭焼きものがたり」となった。その年の秋、花森安治の「暮しの手帖」（1951 年）に掲載された。決して技巧的な作品ではないが、直截な表現で生活の厳しさや家族に向けた暖かいまなざし、自然の豊かさが実感（リアリティ）を持って伝わってくる。これは創美第 1 回土浦セミ（1952 年）に先んじており、生活者として何を見つめ、何を描くか、何を美しいとするかを問う初期「生活画」として、綴方教育とともに広がっていった。

「新しい画の会」

画の会（多田信作、湯川尚文、中川作一、前田常作、井手則雄、箕田 源二郎）は、画家、心理学者、教育学者による少数の研究集団だった。小集団ではあったが、前記の美全協の仲間と実践を研究討議し、その中核的役割を果たした。美全協の生活画を集めた『子どもの

「おかあさんが
あみものをしているところ」
小学５年

「街の働く人、
穴をあけている工員」
小学５年

目でみた日本、今日の児童画』展（1956 年、東京・日本橋髙島屋）も大きな影響を与えた。

子どもの発達や表現を社会的視点で捉えるために、ソビエト心理学や認識論や教育学を学び合った。当時翻訳されたローエンフェルドの児童画の発達段階も、日本の子どもたちの独自性を追求し、発達段階の図表に当てはめて子どもの絵を見るのではなく、子どもの生活に根差したカリキュラムづくりを提唱した。

「生活画」が全国に燎原の火のごとく広がっていく中で、彼らはソビエトの教科書、カリキュラムを取り寄せ、研究を進めた。ヨーロッパの児童画は、明るくのびのびしていると、ことあるごとに強調されるが、むしろその表現の確かさに注目した。1955 年「ソビエト児童展」があり、遊びや暮らしや自然を描いた作品の明るさや伸びやかさと同時に確かさに注目したのだ。西欧にはアカデミズムとして描写の基礎を教える伝統がある。「教科」としての美術の授業に加え、課外の芸術教育の充実など教育制度の違いもあるが、「生活画」と「観察画」の関係を追求し、後の「教科論」追求の先がけとなった。

日教組「全国教育研究集会」

1961 年、日教組第 10 次全国教研美術教育分科会は杉並区の若杉小学校であった。私にとっては美術教育との最初の出会いだった。体育館は最前列の正会員を囲んで、傍聴者で立錐の余地もないほど。発言権を奪い合い、自分の実践の正当性を主張し、認められなければくにに帰れないと言わんばかり。傍聴にも発言させろと騒然、その熱気に圧倒された。組合教研は世界に類をみない研究システムで、地域や学級の子どもから生まれるカリキュラムの自主編成を守り、教師に自由と自信を与えてきた。都教組の教研で創美の滝本正男と絵の会の岡島健太郎の実践をはさんだ真摯で熱のある討議が 2 ～ 3 年続いたのを憶えている。「教師の任務は、教科の内容を科学的に研究し子どもたちに送り届けること、教師は教育の環境を守り子どもの発達を守ることにある」という、第 10 次教研の方明（中華人民共和国）の講演は今も耳に残る。職場から生まれた実践に学び、職場に広めていく中で「新しい絵の会」は育ってきた。

「教科論」追求のころの図工の授業

「教科論」の流れ

私が大学を卒業して就職した 1965 年、すでに高度経済成長政策により農村は出稼ぎで三ちゃん（じいちゃん、ばあちゃん、かあちゃん）農業になり、都市は過密と開発が進み、「現代っ子」が流行語になっていた。

「生活画」が主に題材にした労働は、子どもの世界から見えなくなり形骸化する中で、群馬造形サークルが「ここにも子どもの生活がある」（清水真）と、家の手伝いや仕事だけでなく子どもにしかできない独特の生活の中から感じ取った虫とりや遊びの絵を出し、感動させた(1960 年 / 第 1 回伊香保集会)。第 2 回戸隠集会(1961 年）では、青森の坂本小九郎「うみねこのうた」に感動した。一方で、ソビエトのスプートニクに始まり、教科の内容を明らかにし、系統的、科学的な授業の組織化が求められていた。第 3 回猪苗代集会（1962 年）の基調提案で箕田が「美術の教科の内容と方法を明らかにしよう」と呼びかけたころであった。私は目黒区の住宅街の鷹番小学校に赴任し「「生活画」と「観察画」を思想と方法の問題として統一的にとらえよう」（井手則雄、第 5 回清里集会基調提案 /1964 年）に応える実践を始めた。

私の「生活画」

赴任してすぐ校区をまわり、「働く人」はいないか探

「長野の民話、小泉小太郎」小学 5 年

同左

して歩いた。そうした情景など見えるはずもないが、教師の思想性としても、教科を組み立てる思想性としても、現実をありのままに見つめ、そこから考え、感じ、物の見方を深めていくことが基本だと思った。「登校、下校」「目黒通り」「働くお父さん、お母さん」「小泉小太郎」（物語の絵）など、題材設定の視点として、身近なものごとをありのままに見つめることを大事にした。当時、山梨絵の会は若い集団で、組織的に描写（再現）の技術課題の順次的発達を目指した実践を行い、“山梨といえば教科論、教科論の山梨”と言われた。「単純から複雑へ　易から難へ」などを手がかりにプログラム作りに挑戦した。題材と子どもの興味や感動をめぐって大きな論争が続いたが、かみ合って止揚しなかった。

「生活画」の初めから、「手や足（部分）を描写すれば表現の確かさは出るが、実感がぬけてしまう」という意見はずっとあった。そうした“突っかい棒”なしの確かで感性豊かな表現を求め、しかも篤農的な一部の教師だけでなく、みんながてきる授業づくりを求めたが、未完のままである。

私の「観察画」

ノーベル化学賞を受賞した白川英樹氏が「図工の時間に桜の葉の観察画を描いてほめられた」と語っておられた。私も「紅葉した校庭の桜の葉」を題材にしたことがある。一番美しく紅葉した葉を拾ってくる。その時から対象との主体的なかかわりが生まれている。自然が生み出した美を描くことによって確かにしていく。葉を落とした「一本の木と向うの特別教室棟」の間の距離感を普段は感じたり意識したりしない。描いてみてこんなに離れているんだと感じる。ベン・シャーンの「回転塔」で遊ぶ少女の絵が教師の頭 にあった、スケッチの時は子どもたちも乗って遊んだ。身近にあるものを自分の描いている視点を決めて描くことは、5、6年生にとって自我の確立と結びついている。「生活画」で、自分がどこからどのように 何を見ているか、視点を意識させることと結びついていく。最近“描けない子”の急増が問題になっている（後述）が、どの子も一様に課題を陶治していた。1970年前後の拙い実践ではあるが、今日的問題も含んでいる。

想像力、未来を切り開く力

現実と自己を変革する「想像力」

大江健三郎氏は憲法9条を守る「九条の会」を結成し、積極的に講演や執筆を行っているが、その論の中心に「想像力」をあげている。氏は卒論以来ずっと想像力を考えてきたといい、「想像力とは、共通のもの、きまったものとしてそこにあるものを受け取るのではなく、生き生きとした活力あるビジョンにするふるまいだ」とし、憲法の理念をビジョンとして発展させていくこと、生かしていくことが想像力ある人の考え方だという。さらに、フランスの思想家ガストン・バシュラールの説を引きながら想像力を三つに分け、一つは子どもが空想で描く絵で使われる想像力、二つは自分がそこにいない場所で起きている、例えばミサイルを打ち込まれて傷つき苦しんでいる人々を想う想像力、三つ目は、現にあるものとは別のものに、どのように作り変えていくか考える想像力をあげている。

これらの想像力は子どもや私たちの中で別々にあるのではない。しかし、美術教育の中での議論が一の想像力の範囲に終始していないか。同級生を殺してしまった小学生など、不幸な事件のたびに、二の想像力の欠如だけが取沙汰されて終わっていないか。一の想像力を育んでいけば二や三の想像力が自然と育つのか。一の想像力を育めば三の想像力が自ずと育つのか。言うまでもなく、美術の授業だけで陶治されるのでは

「プラタナスの木と特別教室棟」
小学5年
40年余りぶりに校庭開放の校庭に立ったとき、この景色がそのまま残っていて、胸が熱くなりました。

ない。国語や理科や社会など全教科で育てられる知性と感性によって裏付けられる。その知性と感性をより合わせていく力は現実をありのままに見つめ、現実から学ぶことによって生まれる。「想像力とは現実をありのままに見つめ、それをよりよく変革すること」と学生時代に全国の教育系美術科の仲間と語りあったことと通底している。

「表現」は形象と対話する力

学校教育において芸術教育、美術教育の軽視が一層進む中で、想像力の重要性が話題になっていくのは皮肉な話だ。

宮下保司氏（東京大学大学院医学系研究科教授）が「人間の想像力、つまりイマジネーションは見ることと記憶すること、この基礎の上に前頭葉の発達とともに進化してきた。自由にものを想像する場合のメカニズムと目の前にあるものを見るメカニズムによって異なる信号によって貯蔵庫の活性をうながす」（朝日新聞2004年2月27日）という。ネアンデルタール人の前頭葉は今日の人類と同じ大きさがあるが、発声の気管が狭小で言語を持てなかった、それが滅亡の原因だとする説も聞いた。幼児の視力が成人のそれに発達するにはかなりの時間がかかるという。当然幼児期の思考や表現は視力と関係しているのだろう。このように脳科学を中心とする人間の思考のメカニズムの研究は急速に進んでいる。こうした研究の成果は私たちが主張してきた図工・美術の授業の重要性を、科学的に裏づけている。 私たちは物を見たり、感じたり、想像したり、何となく見ていることや感じていることも、一本の線や一点の色を置いたときから思考が始まる。線や色に形象化された対象が、自分の見ているもの、感じているものと一致したとき初めて自分のものとなる。自分の納得いくまで描いたり消したりしながら画面の形象を練り上げていくことは、主体的な自分探しであり、個性とか感性とは形象化された対象をどう納得するかである。また自我や価値観（思想）を形づくるものである。それ故に私たちは対象化された形象と対話する力を重視してきたのだ。

形象と対話する力は自分の生活と対話する力でもある。その意味でも「描けない」子どもの急増は看過できないことだ。自分が見えない、自分と対話ができないことだから。

「描写」の復権を

「モダニズム」の歩んだ道

赤瀬川原平氏が「再考、近代日本の絵画」展をみて「絵から描写が消えていく道」という文を書いている（朝日新聞、2004年4月15日）。「現代の美術は描写というものをどうして捨ててしまったのかとつくづく思う。描写という束縛から逃れて自由が欲しかったという気持はわかるが、自由というそのものには実体がない。その自由に直面した後悔のありさまを見ているのが現代美術の様相になっている。これは大人の美術に限らず、子どもの美術にも言えそうだ。」現代絵画は「ふつう一般の人には何故こんな汚いパネルに何千万円払うのかとまったくわからないだろう。」「現代美術は、その考え方のお作法を知らぬものには何も見えない。何か見えたとしてもそれはお作法だけのようである。」と書いている。ちょうど「具体美術協会」創立50年の回顧展を見た安藤忠雄は、「具体の作品を初めて見たときは、震えるほど驚いた。足で描いた絵や電球だらけの服があるのだから」「今の日本に欠けている自由な精神が人々（自分）の心を揺さぶった」という。

こうしたモダニズムの思想と形式は時代を映す一つの事実であるが、その形式はアイデアの変化だけで今

「だるまストーブ」
小学6年

も続いている。現代美術はわからないと言うと「わからなくていいのです」と言う。作品との対話は一方通行で返事がない。表現はコミュニケーションをつくり、コミュニティーをつくるものであり、それは文化を創る。

日の丸・君が代と管理強化と抱き合わせで導入された「造形あそび」を、「児童中心主義」の児童観と合致した教育方法として、また文部科学省にはめずらしい革新的な現代思想の反映として、あるいは自分の創作態度の反映として実践する人がいる。いずれも自由の最後の砦としているが、わずかに残された“お作法”形式の自由の中で、気づかないうちに心の自由、思想の自由が奪われていく。

「描写」の仕事を

ある美大デザイン科の授業で、人体モデルを描かせていたら、携帯（カメラ付）を取り出し、写真に撮ってその画像を写していたという。当然モデル嬢に抗議され、ケータイの持込みを禁止したという。自然やものとのふれあい、実体験が希薄になり映像にたよって育っている子どもを象徴している。

勤めていた都立工芸高校デザイン科でも「平面構成」の課題で画面を目測で等分することができない生徒が増えていた。絵を描いたり物を作ることが好きで入ってきた生徒たちである。私は全国教研（全教）と長野県教研の美術教育分科会に出ているが、高校生の作品から 描く力が頓に萎えていくのが分かる。デザインの現場ではコンピュータなしでは仕事ができない。しかし、新幹線やホンダの自動車などのデザインやNHKのドーモ君をデザインしたOBたちは口をそろえて学生時代に手仕事を沢山やらせて下さいと言う。NHKの「課外授業－ようこそ先輩－」で、コンピュータグラフィック作家の河原敏文氏も「先にコンピュータを使わせてはだめ、まず紙に手で描いた像から始めて」としていた。脳科学研究において「造形あそび」の行為中の脳はどれほど赤や黄橙色に輝いているだろうか。携帯電話の画像を写している学生と、美しい女性の裸

「目黒通り」小学５年
目黒通りは今も車が多い幹線道路です。

「目黒通り」小学５年
東急バスは今も同じデザイン。

像をドローイングする学生の脳の輝きはどれほど差があるか。一本の線、一つの面を目測で等分するとき、どれほど脳は働いているか。クリエイティブな仕事をするデザイナーがコンピュータでバリエーションを探すときと、手でアイデアを描いたり消したりするときでは脳の輝きは大きく違う。「造形あそび」は「行為に意味がある」とするが、その行為の内容が検証されつつある。子どもを信頼し寄りそい、待つ。子どものどんな拙い絵でも、どんな図式的な絵でもその絵の中に語りかけてくる子どもの声がある。私たちは目の前の子どもの作品をよりどころに、よりよい美術教育の内容と方法を明らかにしようと努力してきた。ものごとをありのままに見る目と心を持った子どもたちに、しなやかで伸びやかな感性を持った子どもたちに育ってほしいと願い、46回の全国研究集会を積み重ねてきた。

第46回新しい絵の会全国研究集会
－どの子にも表現する力と生きるよろこびを－

今年の8月3日～5日、千葉県船橋市で表記の研究集会が開かれた。420名の人たちが猛暑の中集い、子どもたちの作品を前に語り合い、学び合った。絵の会の実技講座、分科会発表、課題別講座の指導者はみんな現場の教師、分科会に“助言者”“講師”はいない。大学の先生の参加は残念ながらなかった。

猛暑の中、自腹を切って手弁当で参加し、発表者になり、その助手や助言者として会を盛り上げ、「勉強になった」「元気がでた」と二学期の展望をつかんで帰っていった。

初日午前に11の実技講座、彫塑、木版、土笛、鑑賞、造形あそび、折り染めなど。中でも絵の具入門（小低・小高）に多くの参加者があった。絵の具は豊かな表現を可能にする優れた画材であるが、その習熟にはポイントがある。同時に絵の具に限らず画材の使い方

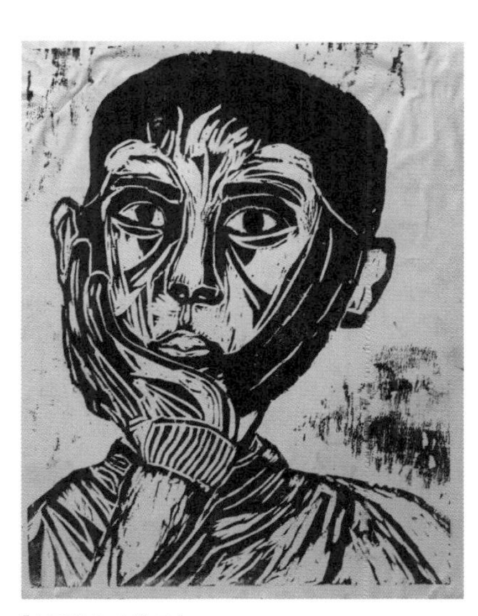

「自画像」小学5年

「版画を彫る自分」小学5年

は表現の要求によって生まれ、表現と結びついているから、表現者、指導者によって様々に変わる。しかも○○方式と言われるように、形式化、形骸化しないよう注意も必要。絵の会の絵の具入門は実際の授業「最初の絵の具の授業」から授業の流れの中で押さえるミニマムを教師自身が体験する。

2日目、私は小学校低学年分科会に出席。若井富士子（江戸川）、杉見幸子（松戸）、伊東のぶはる（東京和光）、菅松一美美（神奈川）、渡辺智恵子（船橋）の実践報告に学んだ。

ベテランの伊東氏の報告は、立ち歩きなど授業に集中しない子や、描けない子、描かない子が多い学級で、苦闘しながら2年生へ進み、今までの指導の再点検をしながら進めていった実践。一方、菅松さんは新任3年目の青年教師。綾瀬絵の会に参加し、今関信子、小島八重子氏らの先輩に学んだ堂々の発表だった。自身が華道を学び花が好きで教室にはいつも花があり、それをモチーフにして、色エンピツで丁寧に描いている。私はかねてから絵の会はもっと色鉛筆という優れた画材を活用すべきだと考えていたので大共感。

渡辺さんは脊髄性筋萎縮症（SMA）のMちゃんを普通学級で受け入れて学校全体で学級の子どもたちと共に学んできた実践。重度のMちゃんは絵を描くことで思いを伝え大きく成長する。力が弱いので絵の具はMちゃんにとっては使いやすい。Mちゃんは描きたいことだけしか描かないが、これも伝えたい中身が研ぎ澄まされ、むだなことは描かないことになる。Mちゃんは友だちや自然との関わりの中で育ったわけだが、これは「美術力」のすごさを実証している。胸の熱くなる実践報告だった。

一階のギャラリーでは池田栄（前述）が創美時代から今日まで55年間の「多古子どもアトリエ」の作品の代表作を展示した。これは文字通り新しい絵の会の歴史を子どもの作品で示したもの。85歳になる氏の実践はまだまだ続く。

（初出「美育文化」2005年9月）

「回転塔」小学6年　休み時間になると飛びついて、ベン・シャーンの絵にあるように回旋して遊んでいました。今はどこの学校にも見られません。

多彩な表現を認める実践

—子どもたちに表現の手だてを！—

「石を投げるとデザイナーに当たる」

私の勤める都立工芸高校デザイン科は都心の水道橋にあり、卒業生には第一線で活躍するデザイナーが沢山いる。近年、美術系大学が急増し、その中にデザイン科が設置され、専門学校と合わせるとデザイナー志望者は巷にあふれている。「石を投げるとデザイナーに当たる」と言われて久しいが、「21世紀はデザインの時代」との通産省や企業のもくろみもあり、益々斯界は盛況である。全国にデザイン科を置く高校は40余校あり、増える傾向にある。

40年前に「図案科」として始まった工芸高校デザイン科は常に3～4倍の競争率で、近年やや下ったが、2～3倍である。企業の大学卒志向や大学進学率の増加で工芸生の質的変化が表れているが、デザインという実学の科であり、卒業後デザイナー（近年はグラフィックが大半）になろうというイメージを持って入ってくることには変わりがない。15の春で将来の生業をデザイナーと決めてしまうことの良し悪しは別として、絵（イラスト）を描き、ものをつくることに興味を持っている生徒が沢山いるということは事実としてある。

都立工芸デザイン科はデザイナー養成の専門教育を行う科であり、3年間で専門教科を39単位履習するので、普通高校の美術の授業と並べて論じられない部分もあるが、楽しく、自由に、多様な勉強をしている。この学校が絵を描いたりものを作ることが好きな子たちだけが集まっているから“楽しい、自由”な学校になっているかといえば、それだけではない。専門科目の内容は実に多様で幅広い内容を勉強する。グラフィックとかプロダクトとかクラフトとかコースに分けず、どの生徒もそれらの基礎を学ぶようにしている。将来の仕事に直接役立つものもあれば、そうでないものも多い。将来それらがデザイナーとしての素養を形成するという見通しや可能性、確信があるから、彼ら彼女らは明るく楽しげなのだろう。

新指導要領の「多様化」と「コース制」

ところが新指導要領による高校の多様化路線の導入により、「コース制」が普通高校に設置されつつあるが、これは専門教育のそれとは似て否なるものである。好きな学科をより多く履習させられるのだからよいのではと簡単には言えない問題と現実がある。

東京の例で言えば「デザインコース」が2校来春か

上記のように都立工芸デザイン科はデザイナーなどを目指して基礎的な学習を学びますが、同じ勉強をしても、後の仕事は多様に発展します。工芸高校を最終学歴にする人が多いのですが、社会で活躍するのは様々です。

1. どーもくん　作者・合田経郎君。学生時代から紙ねんど等で立体を作ることが好きでした。
2. 槇村さとるさん。漫画研究部を創部して初代部長に。学生時代に賞を獲った秀才。この冊子を編集してくれる鈴木光太郎氏と同級生。
3. なかのやよいさん。「なかよし」など低学年向きの漫画を連載。単行本も。今は更に成人向きも。

1

ら設置される。「美術コース」はすでに先行し、三年前に二校設置されている。これまでの芸術高校が（専門教科を 39 単位履習）美術大学の予備校的存在で、その内容に問題がないわけではないが、それはそれとして新設の二校のコースはいわゆる「困難校」と言われる学校に設置された。それぞれの学校の職員は「コース」を置くことで、少しでも生徒のレベルアップを図りたいと願って受け入れたのだろう、美術、デザインが好きな生徒に加え、この受験戦争の中でいわゆる普通教科の学習に嫌けを感じ、普通科より楽で楽しいと思う子もいて当初は倍率も高かったが、今年度は定員割れで二次募集をしている。来春卒業する第一期生はほとんど進学を希望しているが、その結果によっては新しい困難をかかえるだろう。そもそも「多様化」の「コース」は、専門教科を 20 単位（A 校の場合）履習するが、中途半端な感を否めない。もし美大に進学でき、更に専門を学べた生徒は良しとして、進学できなかった生徒はどうなるのだろう。大半の子が就職したとして、事務系や販売系の職場で専門を生かした職につくことはまずないだろう。よくて“昔取った杵柄”とやらで社内報やビラにイラストを書いたり器用なレタリングに腕をふるうぐらいだろう。そういう人を“半デザイナー”と呼んだ人がいる。器用にイラストを描ける“半デザイナー”を育てるのが“多様化”なのだろうか。今日、視覚的映像的メディアの中で育った青年の中には、美術やデザインの「コース」に学ばなくとも“半デザイナー”“半イラストレーター”はごまんといる。

コースの設置校は進学率アップで少しでもレベルアップを図り「困難校」から脱け出たいと考えているが、そもそもコース制の狙いが“落ちこぼれ”とか学力不振児に好きな絵でも描かせて“楽しく”してやればいいという危険な発想、差別選別の手段として美術が使われることの危惧をみておかねばならない。しかも、絵を描いたりものを作ることが好きな生徒が沢山いるという現実を逆手に取っていることに注目したい。

学校（授業）の内と外のギャップ

最近の「新しい絵の会」の中学・高校の実践を見ていて、“これは楽しい、生徒も楽しんでいるな”というのが少ない。小学校高学年の作品もそうだ。何故だろう。

授業時数が 2.1.1 であること、荒れる教室（最近は無気力で平穏なことも）。それだけでもゆとりのある楽しい授業などできない状況を述べるのに充分だ。生活経験の衰弱、受験体制、教材、管理主義……。枚挙にいとまがない。

そんな状況であればあるほど、“これだけは教えておきたい”という切なる気持ちから、美術教師の良心を全力投球することになる。全力投球した結果が、“何か重くるしい感じ”“画一的な表現”“テーマ主義”“突っかい棒された表現”などと批判される。昨年の夏の実践発表の一つに、中学校の強い管理体制の中で抑圧された気持ちを画面にぶつけたものがあった。教師も職員室で差別されていて、学校全体が暗たんたる状況の中でよくこれまで実践したものだと評価もされた（「美術の教室」51 号に掲載）。しかし、どう見ても暗い。それが現実なのだと言えばそれまでだが。

私たちは「現実をありのままに見つめる目を育てる」

ことをテーゼとしてきた。学校の管理体制を直視し、批判精神を持って画面に描くこともそのテーゼに合致している。こういう現実から目をそらし、見て見ぬふりをしていいなどと誰も思わない。

しかし、あの子たちは本当に楽しんで描いていたのだろうか。かつて、1950～60年代の「生活画」は自分たちの生活の様々を見つめ描いた。「ありのまま」に描くことが、自分自身の思いの反映であり、その中に批判的な目を感じさせるものも少なくなかった。例えば、働く人を描いたものだけでなく、煙突を描いても、仔牛を描いても、子どもがどんな目で見ているか伝わってきた。描くことが苦痛ではなく、友達に語るごとく楽しかったように思える。しかも、それらの「生活画」を描いたのは小学校高学年や中学生が中心だった。子どもたちは学校の外と内が一体となっていた。今の子どもたちは学校の外は外、外で描く絵や作るものはそれなりに楽しんでおり、昔よりよほど視覚的な経験をしている。あの子どもたちが学校の中（授業）で“重いテーマ”の絵に取り組んでいるとき、学校の外での日常的な表現とはあまりにも大きなギャップを感じながら表現していたのではないだろうか。表現の内容も表現の形式も。

今の子どもたちも友達に語るごとく視覚的な表現を楽しんでいる。マンガチックな表現、イラスト風な表現が日常的に行われている。それと授業で要求されることに大きなギャップがありすぎるのだ。あの実践も彼らの日常的な言葉（表現）で描かせたらどうなっただろう。

多様な表現を認める実践

そう思いながら「新しい絵の会」に持って行って発表したのが以下の実践である。

箕田源二郎が今年の夏の研究会で「タブロー主義から離れて、イラストの中での表現も認めていっていいのではないか」と発言している。「いいたいことを伝えたい時、造形（あるいは一枚の絵）の中だけで表現するのは難しい。もっと様々な手段を選択させる必要がある。子どもたちが言いたいこと、それへの糸口を与えてやることが大切だ。限られた時間の中に多くを求めることは無理があり、諦めて、もっと気楽に考えた方がよいのではないか」と今の子が視覚的メッセージに習熟していることを確認したうえで、“タブロー主義”を見直してはというのが発言の主旨だ。

私もその意見に賛成だし、多くの人達もそう思っているだろう。しかし、具体的に今の中学校や高校でそれを実践するとなるとどうなるのか。これまでの美術遺産を教えることや、中学校、高校で最低これだけは教えたい、という課題との関係がどうなるのか、ということについては充分な討論がないままに終わっている。私の場合は、先に記したようにデザイン科という専門教科の時数が多い課程なので、割りと自由にやってきた。“諦めて”とか、“気楽に”とか言うより、“視覚的メッセージに習熟”している彼らを見ていて、それらを多様に出させたら良いと思ってきた。また、将来デザイナーや表現の仕事につく生徒たちであれば、なおさら、自分の表現に習熟させたいという狙いもあった。

（初出「美術の教室」53号 1992年10月）

3

表現は「生きる力」を育む

－図工・美術は表現の核－

「炭焼きものがたり（木割り）」中学３年　指導：箕田源二郎（56P まで）

カルコンと経済同友会の動き

経済同友会の動きについては先の論文で詳しく述べた通りである、同友会はいくつもの委員会をつくり、経済政策、労働対策から地域開発、教育政策までその都度委員会を作って提言をしてきた。資本を背景に大きな影響を与えてきた。「合校論」を提言した「教育改革委員会」と同じように、「21世紀の社会像を考える委員会」(委員長：日本IBM会長椎名武雄)と「情報化社会を考える委員会」(委員長：西友専務取締役坂本春生)の 提言について、雑誌「経済同友」8月号が特集を組んでいる。それを読むと同友会の考え方が一層はっきりしてくる。特に「情報化社会を考える委員会」の提言は中教審答申にもある新しいメディアの導入と深く関係してくるので引用しておく。

「21世紀に向けて日本は国際化、高齢化、成熟化とならび世界的潮流である情報化の影響を大きく受け始めている。(略)その影響は単に事務処理の合理化、効率化や自動化にとどまらず、政治、国民生活、さらに人々の意識や行動などを含むあらゆる社会システムに広がり、大きな社会変革を引き起こす可能性を秘めている。こうした情報化の進展は、これまでに経済同友会がさまざまな分野で描いてきた日本のあるべき姿の実現に大きく寄与することが期待される。(略)また現在の日本経済社会の閉塞状況を打破するため、さらに長年の懸案である構造改革の挺子として情報化を活用できないか」

そして、「我々がめざす情報社会の姿」は、2000〜2005年には高度情報社会になることを想定し、その社会は、「1.個人が主役になる、2.一層の自己責任が求められる、3.市場原理に基づく競争社会となる、4.多様性がさらに広がる」としている。

更に、情報社会の構築は、「欧米に比して立ち遅れており、公共投資の重点配分、積極的なベンチャー産業の育成」を求め、「また、教育界としては情報社会に相応しい教育制度、カリキュラムの抜本的見直しが必要である。情報機器活用による知識教育の合理化、効率化および情報リテラシーを軸とした総合的情報教育を目的とする「情報社会教育」科目の設置、国際語としての実用英語教育の充実はもとより、最も重要なことはバランスある人間形成のための情操教育を重視することである」と。

長い引用になったが、これを読んでいると彼らの思考がはっきり分かると同時に、今次中教審の答申とほとんど同じ方向であり、全く同じ用語さえ使われていることに驚かされる。

最後の項で「我々の目指す情報社会は、個の確立、自己責任原則、市場原理、競争社会といった意味では基本的には米国型社会の流れを追うものである」と記しているが、上記のように「最も重要なのはバランスある人間形成のための情操教育(美術や芸術教育を言っているのではない!!)の重視」として「日本の歴史や風土」と調和した、道徳教育の重視と抱き合わせであることが強調されている。

「日本経済社会の閉塞状況(行きづまり)打破」と「構造改革」の挺子として情報化を押し進め、そのための教育改革を求めている。中教審答申が「将来予測がなかなか明確につかめない、先行き不透明な社会にあって(略)自分で課題を見つけ、自ら学び、自ら考え、主体的に判断」することを「生きる力」とする考えと子ども不在の論理で共通している。

いま、いじめと子どもの自殺の問題が国民的歴史的な課題となっている。歴史始まって以来、戦争や生活困窮のために大人に子どもが殺され、犠牲になったことは多々あったが、自らの命を断つようなことはなかった。これほど重大なときに 同友会も中教審も子ども不

「悩む父」 中学3年

「風呂」 中学3年

在の論理を振り回している。言うまでもなく、大人は子どもに全面的な能力の発達を保障し、豊かな人格を身につけて育つように、社会や教育の場を整備する責任がある。20世紀末と21世紀を子ども受難の時代にしてはならない。

表現は文化を創る

かつて、まだ学校ごとの自主的な研究が盛んだったころ、全国には沢山のユニークな学校があった。群馬の島小はその代表格だった。近くの玉村小も立派な実践をしており、「新しい絵の会」の仲間がいた。東京の仲間4、5人で訪ねた。古い木造校舎から美しい合唱が聴こえ、裸足で歩く廊下は黒光りしている。教室に入るとその歌声の素晴らしさにド肝をぬかされた。先生と生徒が一体になって練習に励んでいた。

子どもたちの頬は赤く燃え、瞳は輝いていた。時程のカネのない学校だった。放課後居残っていつまでも絵を描いている子がいた。私たちは宿直室で利根川で獲れた魚の天ぷらで一パイやりながら語り合った。もう、25年も前のことだ。草の根の教師（朝日ジャーナル誌がそう呼んだ）たちは子どもたちとよつに組んでいた。それらの学校は決まって音楽・図工・体育・演劇など表現に関わる教科を重視していた。

もちろん算数や理科、国語も同等に重視していたが。学校にも学級にも生気あふれる文化の香りがあった。文化とは、学習によって社会から習得した生活の仕方の総称。物心両面にわたる生活形成の様式と内容を含む（「広辞苑」より）。文化は人と人をつなぐ力を内在している。大きく言えば日本民族をつなげる個有の文化があるように。学級にもその文化がある。だが、今の学級、学校の文化の質が問われているのだ。文化は集団の協力によってしか創り出せない。

質の高い学級文化を創出するのに表現の教科の役割は大きい。表現は一人一人の人間の問題から響き合い、高まって、文化として共有される。

かつて学級は文化の発信地だった。そこには生きる喜びと楽しさがあり、緊張感があった。

いま、大人も子どもも自分の生活の中に感動する場面が極めて少ない。それぞれ毎日の文化の中で生活しているのだが、その文化が自分のものでなく、他で作られた文化の中を漂っているだけなのだ。そこにはメディアの問題もあるが、何より学校・学級に自ら創り出した、自分のものと感じられる文化が少ないからではないか。

新しい絵の会の研究会でも、良い実践とは一人だけの優れた作品ではなく、学級皆の作品が良いのだ。絵を描く、物をつくる行為は一人ひとりの仕事だが、表現されたものから学び合い享受しあい、文化の水準を上げていく。大会で、田中美代子先生の実践に感動した人が多いが、保育全体（自然との触れあい、表現活動等）で育まれた高い文化があるからだ。子どもたちが生き生きとした文化創造の担い手になるような表現活動が保障されなければならない。子どもは高い文化の中で育てられなければならない。

表現は人間の本性

「そこはこうでねいか」と隣り組の先生に言われ歌いなおす。イメージがふくらむ、声が合って美しいハーモニーが広がる。友だちの声を聞きながら自分の感性を出し切って歌う。皆の中で自分自身を表現し切っていく。合唱の醍醐味だ。居残って絵を描いている。先生に言われたからではない。どうしても描き込んで仕上げたいのだ。

子どもは自分を取り巻く世界（対象）にふれ、あるい

「わらじ作り」 中学3年

「スキーすべり」 中学3年

は世界に働きかける中で感じたり、驚いたり考えたりする。対象との関わり方にはいろいろある。対象を分析的に系統的に追求し記録していくこともあるだろう。それは科学へと結びついていく。一方、ワァすてきという感動をそのまま形象に置きかえたい気持になることもある。形象化を進める中で更に対象が見えてくる。イメージがふくらんでくる。どこをどう描いたら一番自分の納得できる表現になるか、あれこれ追求してみる。画面での試行錯誤は自分探しでもある。何を描きたいかは、何を人に伝えたいかでもある。描きながら一生懸命作品に語りかけている。今日あったこと、美しいものと出会ったことを感じたり考えたりした内的体験として、様々な方法で友だちやお母さん先生に伝えたい、共有したいという欲求に駆られる。この表現欲は人間の本性であり、知的な学習欲を持つのと同じ、人間の本性である。

この表現、表現欲はただボーとしていたら、どんな素晴らしい世界や体験に出会っても生まれてこない。表現は子ども自身が目と手を使い、感性を働かせて、積極的、能動的に関わっていかないかぎり生まれてこない。単に体系的、系統的に教えられるものでなく、自ら対象に関わり、物をつくり描く行為を通して生まれてくる。

このように、人間の本性としての表現の活動は、知的学習（系統的、体系的な教授を通して獲得される）とは異なり、それと置き替えることのできない大切な役割を果たしつつ、人格形成に寄与している。

美術・図工は表現の核

美術・図工の表現を通して文字通り「生きる力」を育てている実践例は枚挙にいとまがない。算数・理科が生きる力の形成に重要であることも当然として、表現は思想を形づくり、感情を深化させ、日々の営みに直接的に関わっている。

また、表現することが、対象と関わり、描いたり作ったりする行為を通して、対象の理解や認識を深め、自己の判断、自己の世界をイメージとして練り上げていくが、同時に表現の課程を通して、表現されたものを通して感動や認識を共有し合う側面を持っている。「表現は文化を創る」の項で述べた通りだが、特に、この表現における感動や認識を共有し合う側面は今日一層重視しなければならない。表現を通しての共感が、学級の信頼や意志の疎通を広げていく。表現の欠如、衰退が今日のいじめ、自殺の一因となっていることは言をまたない。

表現には様々な方法がある。美術は造形的形象を軸に対象と関わり、表現していく仕事である。それでは他の表現形式と独立しているかといえば、さにあらず。関連し相互に補いあって発展する。 先にふれたように、優れた実践を発表される先生の学級は一人だけでなく皆が良い作品を創り上げている。「表現は文化を創る」の項でも述べたが、学級の文化水準、質の高さが反映している。 しばしば“「丸ごと」子どもの生活を表現している”という言い方をするが、作文による表現、

「希望の船」共同制作　宮城県　雄勝小学校　指導：徳水博志　90 × 180cm

劇による表現、民舞による表現など、それぞれの表現活動でイメージを練り上げる訓練がなされ、それぞれが質の高い作品の表現をなし、相互に響き合って、美術・図工の作品の表現も質の高いものとなっていく。

何度もふれているように、イマジネーションは“練り上げていく訓練”によって育てられる。作文、詩、音楽、体育による表現、劇、など様々な場でイマジネーションを豊かにふくらませて授業を受けることにより、美術・図工の表現も豊かになる。

しかも、美術・図工による表現は色や形で客観化され、ものとして残される。この視覚的に伝達される表現は、先にも記した、感動や思想を共有し合うのには最も適している。作文や詩のような文字による表現に優るとも劣らない方法である。

美術・図工は表現の核であるともいえる。

美術・図工は造形形象で思考する読売漫画大賞、ジュニア部門で大賞を取ったN君は、新聞に入ってくるビラの裏の白い紙に毎日沢山の絵を描いていた。それがときにはパターン化した絵（お人形さんやキャラクターなど）でも、そのキャラクターに託して自分の思いを描きつづけてきた。美術・図工はそんな日常性の中にもあるのだ。

道具の習熟は美術、図工の表現を深める

先に記したように、表現は子ども自身が目と手を使い感性を働かせて積極的、能動的に対象の世界と関わっていかないかぎり、形象を生まれてこない。同時にあれこれ試行してイメージを練り上げていくとき、どのように表現していくか、手だてとすじ道が立てられないとイメージはふくらまない。子どもが素材を前にして、イメージを持てることと道具を使えることとは密接に関係しており、道具を使えることが素材をイメージと結びつけ、素材を生かす。道具を自由に使えることが素材を自由に選ぶことになり、制作の課程で自由に素材とわたりあい、真に素材を生かしながら発想、イメージの発展へと導いていく。

今次中教審答申でも、「まとめ」に無かった人間関係の希薄化、体験の不足化が心配されるとして、原体験の大切さや子どもの自由な発想についてふれているが、対象との関わり、道具についての位置付けが出てこない。どんなに素晴らしい世界や体験に出会っても、それを形象として発展させていく手だてがないと、ただふれあっただけ、ただ遊んだだけで終わってしまう。それが、「造形あそび」なのだが。

手は外に出た脳であると言われるように、手が動くことによって考えることができ、人間の手は道具を使うことにより一層深い思考ができる。美術・図工の表現はまさに手と道具を使った仕事である。

前号で、「ものを作ったり絵を描く行為は、対象そのものに目も手も頭も、五感の全てでかかわり、技を獲得しつつものを創り出す。ものを描き、つくりながら、材料に対する把握、道具を使うこと、手の機能の発達をなしとげ、人間発達上の「基礎・基本」の能力を獲得していく。」と記した。美術・図工が人間発達の基礎、基本と位置づけるとき、感性の発達やイメージの練り上げと“技”、手や道具の習熟の関係をきちんと捉えることは重要なことである。

コンピュータによる図工・美術の行方

冒頭に引用したように、経済同友会は、「情報化社会を考える委員会」の提言で、日本経済の閉塞状況の打破と構造改革の挺子として、情報社会の構築を押し出している（2010年に年商3兆円市場を想定している）。情報機器活用による「知育教育の合理化、効率化およ

この欄の図版は「美術の教室」100号に掲載された作品群の一部です。なんと様々な題材、子どもたちの生活が描かれていることでしょう。

「ひっぱりっこ」 5歳
指導：矢野和枝

び情報リテラシーを軸とした」科目の設置をあげ、教育制度、カリキュラムの抜本的見直しを要求している。その主張のように中教審の答申も記述している。

日本の教育界にも急速にサイバー旋風が起こりつつある。私たちはこの電子機器と美術教育の関係を慎重に、かつ早急に考えておく必要がある。前号ではパソコンソフトの没個性的機能のことや新しいメディアに埋没して、仮想現実の中を漂う子どもたちの人格形成の問題にふれた。ここではコンピュータと表現の関係を深めてみたい。

コンピュータはツールだ、あくまでも人間が主体的に使うものだと誰もが言う。しかし、現在行われている多くのコンピュータによる表現の授業は、コンピュータを使いこなし、自分のイメージを充分に表現しきっている例は少ない。

水越敏行氏（大阪大学）（「美育文化」1994年11月号）によれば、コンピュータを利用した美術の授業は、1. イメージスキャナを使って絵や写真を取り込み、それに色をつけたり、背景の色を変えたり加工を施す。2. 描画ソフトを使って自由に絵を描く。それに色をつけてハードコピーとして打ち出し、それをモチーフに絵を描いていく。この方法が多くみられる、と。2. はコンピュータを使わなくとも描けるが、従来の描画と決定的な違いとして、コンピュータは、色や形をいつでも消去し新しい表現ができる、間違いをクリアできる。紙の上の表現では消去して全く新しいものをとはいかず、前に描いた形や色をどうしても引きずる。これが新しいイメージやアイデアの障害になる。自由な出し入れ、描画や加工や消去ができるコンピュータは創造的なイメージや構想の増幅器として役立つのではないか。ただし、画面とプリントアウトとそれから絵具で描く時の三者の違いを誘導していくことが必要だ、と述べている。

降籏孝氏（お茶の水女子大学附属小学校）（「美育文化」1994年12月号）は、造形美術教育においてもコンピュータに背をむけているわけにはいかないが、すべての教育内容をそれに置き換えると言うのでなく、実際にものと関わり触覚を大切にする身体性を重視しながら、新しい可能性を模索していこうと慎重な姿勢である。その上でコンピュータを実践し、その可能性としてプラス面とマイナス面をあげている。プラス面は、1. 自主的活動を促し、意欲的に取り組める。2. 新しい表現媒体としての可能性がある。3. 試行錯誤や修正が、容易に行える。そのため失敗などの不安感が少ない。4. 表現課程で時間的な労力や忍耐を要しない。5. コンピュータを媒体にしたコミュニケーションの場が作れる。マイナス面として、1. こつこつと地道に取り組む表現過程が欠落してしまう。2. 時間と労力をかけて作品を完成させる成就感に乏しい。3. ものとの関わりの面で身体性の欠如の問題、児童の取り組みの質において個人差が生じる。等。

お二人の理論と実践はコンピュータと美術教育の接点をさぐる誠実な取り組みの成果だと思う。しかし、私たちは先に記述してきた観点からいくつもの疑問を感じる。

第一点。従来の描画と決定的な違いとしてコンピューターは色や形を瞬時に変えることができ、消去や追加、変更、変換ができること。消去により前のイメージを引きずらない、としていること。私たちの論点“創造は形象を通して表現する過程でイメージをふくらませていく”ことからすると、前のイメージを引きずらないことが利点であり、イメージや構想の増幅器であるとはすぐには認められない。例えばデッサンにおいて、一本の線を引く、それが意に合わない線であれば更に新しい線を描く。意に合うまで何度も何本も線を引く。意に合った線をみつけたとき、前の線を整理し

「セロ弾きのゴーシュ」 小学2年 指導：伊藤のぶはる

「かまくらづくり」小学1年 指導：岩間政信

たり消したりする。一本の線を引いて間違っていたり意に合わないからとすぐには消さない。消してはいけないし、前の線があるから次の線や模索ができる。真白い紙を前に躊躇している子に、まず色や線を置いてごらん、そこから始まるからと指導するではないか。

確かに絵具をぬったら失敗したとか、絵具が上手に使えない、意にあった表現にならないために絵が嫌いになった子の例は沢山ある。顔を描いていて、下が乾いていない所に目を描いたらパンダのようになってしまい、泣き出した子。筆の水加減やティッシュの使い方をマスターすれば救われたのに。そのことと、コンピューターが前のイメージを引きずらないでイメージや構想の増幅に寄与するということとは次元のちがう問題である。

いかにも当世流

「美育文化」の連載に作家インタビューがあり、横尾忠則氏を取り上げている。氏は最近コンピュータを表現に積極的に利用しており、その利用の仕方が面白い。氏は描画ソフトにはほとんど興味がない。氏の作画法はほとんどコラージュによる。彼の引用する原型、もとの作品はマスプロされたもの、印刷物になったもの、マスメディアの産物をモチーフにしている。だから自分で描画ソフトを使って画像を作ることはない。それなら手で描くだろう。氏はモチーフの作品をただ眺めていても何のイメージも湧いてこないが、それをコンピューターにスキャニングしてコンピューターのモニターに画像がポンと出ると、それと同時に次に何をすべきか(加工したり変換したり)瞬間的に見えてくるという。だからコンピューターを氏は「直感装置」という。いかにも当世流といえよう。

美術の授業でもこんなコンピューター利用の“作品”がどんどん出てくるだろう。水越氏が分類した1.の類に属する使い方で、ゴッホの麦畑とゴーギャンの空にシャガールを組み合わせた“作品”などなど。ポップアーチストとしての横尾氏がそのようにコンピューターを活用することに異をはさむわけではないが、子どもの美術教育として考えると、それもよしとは言えない。

コンピューターは借りものの像でも、取り込み方次第でゼロからかたちを作ることもできる。別々のものを結びつけて“新しい形”を作ることができる機器であるが、出来た形をただプリントアウトしただけでは、それは紙クズでしかない。いかに「造形あそび」や新学力観の横行する学校でも、こんな紙クズ作りの授業はごめんだ。

オペレーターとクリエーターと

私の勤める工芸高校デザイン科を卒業して4年、デザイナーとして巣立ちつつあるS君が在校生の前で語った。いま、デザイン界はコンピューター(主にマッキントッシュ)を使って仕事をすることが多く、彼の話はコンピューターと創作、表現について示唆に富んでいる。

彼は高校時代にマックを使う技術をかなり習得していたから、就職してすぐに仕事をまかされ、重宝がられた。マックを使うと仕事が速い、上手下手よりきれいにできることが喜ばれた。始めのころは、写真に写っている電柱を消してシートをかぶせて別の画像をはめ込んだり、葉っぱの写真を合成してはり込んだり、フォトショップの機能を使っただけのグラフィックの仕事をしていた。デザイン力など問われない仕事をしていた。最近の印刷業界は日進月歩、パソコンを利用した画像処理や製版技術の発達はめざましく、図版の取り込みや拡大縮小、色変換など画像処理編集(電子編集

「紙風船つき」
小学4年　指導：鈴木秀子

「水中石ひろいきょうそう」 小学3年　指導：似内顕也

出版 DTP）が普及し、その機器を使いこなすオペレーターの需要が急増している。最近ではデジタルカメラで撮ったデータをイラストレーターに貼り込んでプリントアウトまでできるようになっている。

彼は「近ごろデザイナーとは名ばかりのデザイナーが沢山いる。マックの機能を使ったグラデーションやフォトショップのフィルターで変換しただけで、デザインが出来ていると思いこんでいる人が多い」と。「僕は今、オペレーターとしてなら月 100 万円稼げるけど、その 10 分の 1 の給料に甘んじているのはデザイナーになりたいからだ」という。「日経デザイン」7 月号にそんな例が沢山でている。「下積みなく即戦力マックのおかげでそれなりの仕事が新卒ですぐ任される。」「マックがあったからデザイナーになれた。」など。

しかし、多くのデザイナー氏はマックくさいデザインに飽き飽きしているし、マックの限界も分かってマック＋αの仕事をするS君は、例えば文字をベタ打ちした後、数字の部分を違う書体に変えたり、デジタルでもアナログ要素を加える。DTP 全盛だからこそ歯送り一つにこだわる人も多い。

S 君はマックの中でデザインするのではなく、自分の頭にイメージしたことをまず紙に描く。ラフが真黒になるまで描いてからマックで起こしていく。近ごろ自分のデザイン力が上がり、自分のイメージしたこと、自分の手で描いたことがマックで表現できないもどかしさを感じている。自分の表現力（デザインレベル）が上がっていくとコンピューターとの関係も変わっていく。

学生時代、ロットリングや烏口で何時間もかけて線を引いた。マックでは一秒で出来る。ポスターカラーで平塗りしたりレタリングに時間をかけた。マックでは瞬時に色変換ができる。文字の字詰めも厳しく習った。シルク版画で色を変えて何種類も刷って色構成を考えた。マックなら、もっと効率よく処理できるだろう。しかしS君は、「学生時代こそ手仕事の勉強をきちんとやれ、学生時代だからこそ手仕事の作品を沢山作れ」という。彼は手仕事が苦手だったからマックに頼ることが多かったが、手仕事の限界だと思ったときにマックを使えば、また違ったものができたろう、という。

マック全盛以前の話だが、朝日広告賞で大賞をとったO君。出品を決意してから、一年分の「週刊朝日」を通読し、「今何が問題か」を熟考し、「教育だ」とモチーフをきめながらイメージを練りあげ、高尾の分校を使って新聞広告に仕上げて出品した。今、彼はマックをフルに使う。しかし彼のデザインにはマックくささがない。自分のイメージの中にマックを取り込んでいる。

店舗の販売促進を目的とした○○大売り出しとかの書き文字も POP デザインという。毎日買物に行くスーパーやお店も、誰か文字書きの上手な人がいて、それぞれ個性ある表示があった。ところが最近は機器の開発で、「POP オペレーター」の仕事として機器を操作する人に任されるようになった。書き文字の上手な“半デザイナー”さんの出番がなくなり、個性的な表示が消えた。

オペレーターとクリエーターと自ずと仕事の領域はちがう。オペレーターにもデザイン力は必要だし、クリエーターにも機器の処理能力が求められ、クリエーターにはイメージを練り上げる力が要求される。発想力と企画力を要求される。マックの中でそれを育てることはできない。

美術教育にコンピューターを導入した実践をみていると、今のデザイン界の状況がオーバーラップしてくる。表現者としての子どもたちとコンピューターとの関係は、デザイナーを目指すS君の語ることばや、優秀なデザイナーたちの実際の仕事の中から学ぶことが多いのではないか。

「こわいよ」 小学 3 年 指導：久保田信子

「やっと一休みできる」 小学 5 年 指導：小野トミ子

生活にねざした美術・図工の授業を

今の子どもたちは遊びにおいてもゼロから新しい遊びを創り出すことが少ない。昔は遊びの道具も自分たちで作った。今の子は今までにあった遊び、テレビや漫画やアニメからのヒントを組み合わせて新しいゲームや遊びを考え出す。言ってみればエディター的センス、オペレーター的センスは昔の子どもより長ているという。

朝倉摂さんが「今の子どもたちに宮沢賢治とか、そういうものを読み込む力が無くなってしまうということは恐しいことです」（朝日新聞、1996年6月）と発言されている。

「賢治の作品はわけのわからない名前や地名が出てくるけど、それ以外は日本的なんですね、土着的なイメージが強い。ファンタスティックなんだけど非常にリアルに感じる」。賢治は生活にねざしたリアリストであることを指摘している。シャガールについても、羊や鳥が飛んでいるけど、彼が「自分はリアリズムだ」と言っていた意味を、白夜のロシアに旅行して分かったという。「頭の中で考えたファンタジーじゃなくて、見てそこから発想したものだと思った」と述べておられる。そんな事実にねざした、体験にねざした空想の世界を読み取り感じ取れる力が子どもたちから無くなっていくことを危惧している。

子どもたちの生活の中に電子機器が津波のように押しよせてくる。その波間に子どもたちがただよう海が目に映る。精々、エディター的センス、オペレーター的センスに長けた子が増えるだけ。

せめて、学校の図工・美術の時間は、手間ひまのかかる手仕事であっていいのではないか。そこにこそ、人間発達の基礎、基本があり、「生きる力」を育む場がある。

（初出「美術の教室」61号1996年6月）

「耳ほじり」 小学１年　指導：岡島健太郎

「お母さんだっこ」 4歳　指導：池田 栄

表現者を育てる「描写」の復権を：2

－見て描く絵の重要性－

「見る」ことと「表す」こと －彫刻では－

私が陶器を出品しているグループ展に彫刻作法で好対照の二人がいます。どちらも具象彫刻家でそれぞれの所属団体で高い評価を得ています。

藤原秀法氏はモデルを前にして作ります。モデルがいないと作れないわけではありませんが、モデルからいろいろなイメージがわいてくると言います（図1)。

日比野知三氏はモデルは使いません。普段生活の中でふれあう人々のスケッチをもとに自分の像を創っていきます。普段のスケッチが重要な役を果たします（図2）。

作法では好対照のようですが、普段にスケッチを重ねながらイメージを練り上げていく様子がわかります。対象への関わり方、対象から読み取ってくる視点は同じで、自分の思いやテーマをモデルやスケッチの中で見つめます。それを具体的な形の中に読み取り、具体的な形の中に表していきます。どちらも作りながらイメージをふくらましていきます。粘土を付けたり削ったり、形象とのやりとりを繰り返し納得のいく形象を探していきます。

大人の芸術の創作と子どもの表現、とりわけ教科の中での美術、図工での表現は必ずしも同じではありません。しかし、自分の思いやテーマを色や形で練り上げていくこと、その形象をもとに仲間や見る人に伝えていくことは同じです。芸術の持つコミュニケーション力を大切に考えている点で、上記の彫刻作法は多くのことを語っています。コミュニケーションはコミュニティーに通じます。二人の作家の願うコミュニティーは、人間的で平和な社会生活です。それを形象で追い続けています。子どもたちのコミュニティー、すなわち学級も人間的で平和な生活であってほしいものです。

上記のように二人の作家は「見る」ことを表現の基本に置いています。対象が強いメッセージを持っていて、初めにドキッとするような共感があって見つめる場合や、見つめ観察を重ねて、対象と心を通わせていく中で、より鮮明な像が見えてくる場合や、一部に興味を持って見ているうちに全体に視点や興味が拡がっていく場合など、対象との出会いや深め方にはいろいろありますが、二人は事実や現実を見つめることを基本にしていることが重要です。近ごろ子どもたちへの影響が取り沙汰されるケータイ文化に限らず、「見る」こと、事実と対話することの欠如は、文化的主体性を育てていくことはできません。

「グラフティー」と称して街の落書きを“現代美術”

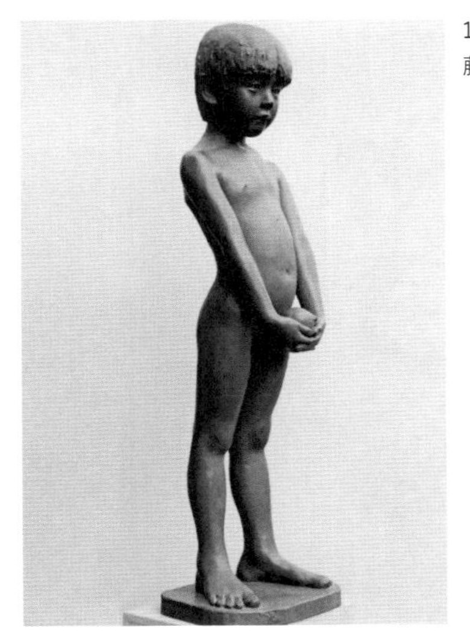

1.「レモンと菓子（5歳)」
藤原秀法 作

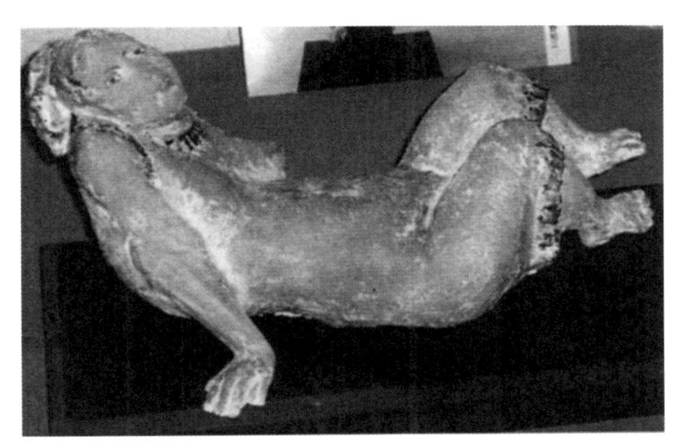

2.「月の兎」 日比野知三 作

として美術館が企画（水戸芸術館　現代美術ギャラリー）する時代、私たちが子どもの頃作って遊んだ「秘密基地」が“現代美術”として「評価」される美術界にあって、二人の彫刻家から学ぶことはつきません。

私の「見て描く絵」の実践

少し古いのですが私の実践を見て下さい。私が大学を卒業して就職したのが、1965年。すでに高度経済成長政策により農村は三ちゃん農業、都市は過密と開発が進み、「現代っ子」が流行語になっていました。

「生活画」が主題にした“労働”は、子どもの世界から見えなくなり、一方でソビエトの科学技術（スプートニク）の優位から教育の「現代化」が論議されていました。新しい絵の会も「美術の教科の内容と方法を明らかにしよう」（第3回猪苗代集会、1962年）と系統性とか授業の課題を追求していました。

私は「想像力とは現実をありのままに見つめ、よりよく変革する力」と学生時代に学んだ“理論”を頭に、目黒区鷹番小学校の学区域をめぐりあるき、題材を探して、私流の「生活画」と「観察画」を実践しました。その中の一つ「目黒通り」（5年）（P7、P48）は「生活画」のジャンルに近いのですが、外に出て写生やスケッチをもとに描いていきました。見る視点を自分の目の高さに決めたり、車と車の重なり、遠近などに気づくようにしながら、目黒通りの雑踏や自分たちの“街”を表現させようとしました。基本的には図工室で制作しましたが、時々現場に見に行きスケッチをしてきました。今も目黒通りはこんなように混雑し、渋滞しており、実感が伝わってきます。

もう一つ、「プラタナスの木と特別教室棟」（5年）（P46）、枝打ちしたプラタナスの木が校舎に並んで生えています。校庭の向こうに特別教室棟があります。プラタナスを基準に向こうの校舎を見ると、校庭の広さや奥行きが分かります。見ながら描いてみて、その奥行きに気づいた時、子どもたちは新鮮な喜びを感じたことでしょう。こうして並べてみると、鷹番小学校の校庭の様子が思い出されます。プラタナスの枝打ちされていることが一層情感をあらわしています。こうした自分の生活や身近なものや事柄を見つめ、描く授業の中に、子どもたちが 習熟してほしい課題を少しずつ織り込んでいきました。今流に言えば美術の基礎基本をおさえながら豊かな表現を育てる、育てたいと考えていました。

しかし、最近はこうした実践はとみに少なくなっています。「造形あそび」ばかりやっていてはと、「見て描く絵」を少し取り入れたりしますが、本気で自然や物に立ち向かい、対象とのやり取りを通してイメー ジをふくらましたり、色や形や空間の理解を深めていく仕事が少なくなりました。よく、形を追求させると上手、下手がはっきりしてしまうので「見て描く」仕事はやらない、やれないという声を聞きます。確かに、最近とみに形をつかむ力、描写する力が衰えていて、低学年では描けない、描かない子が増えています。5・6年生で1・2年生のような描写力しかない子が沢山います。そうした困難な状況をどう克服していくか、避けることも逃げることもできない 重要な今日的課題だと思うのです。

「見て描く絵」にもドラマがある

最近号で自然や身のまわりのものに目を向け、気づかせ、豊かな表現をしていて感動させられたのが松浦さんの実践です（「美術の教室」80号）。3月に苗を植えたスノーボールが「お花の山みたいだね」と咲きました。そうした感動を「お花畑」みたいに輝いた作品

「マーガレット」　年長　指導：松浦龍子

「古い大きな木」　年長
指導：嶺川華子

に仕上げていきます。クレヨンの良さを生かしたり理解しやすい花の形、用意した画用紙など、花を描きながら花の美しさがかえってくる配慮がなされています。

何より子どもたちの花とのやりとりを大切にしていることがあります。お花が沢山描いてあるからではなく、一人ひとりの表現にドラマを感じるのです。

私の実践「自画像」（P49）を見て下さい。自画像はレンブラントやゴヤを例に出すまでもなく、最も身近にあって奥の深い永遠のテーマです。「見て描く絵」の最も多い実践といえそうです。多くは鏡で正面からじっくり見つめ、自分と対話させながら描いています。私も基本的には皆さんと同じですが、自分らしさを見つけるためにいろいろと大きなポーズを取って、自分の気に入った視点から見つめるようにしました。少し気取り過ぎるほどのポーズの中に、自分の情感を強調しています。手順としては拙作の「瀬長亀次郎とポラリス潜水艦」を鑑賞し、髪の毛の硬さもわずかな刃の使い方で表現できることなどを学習してから、自分のポーズ探しをしました。

画面に子どもたちがどう息づいているか。スノーボールのお花や自画像と作者自身がどれだけ対話しているか。それは作品が示しており、それを読み取るのが教師の大半の仕事だと思うのです。上手、下手の判定ではありません。

ただぼんやり眺めるうつろな目には、対象の姿は映ってはいません。見ることは子どもたちの関心をゆさぶることですが、対象にどう出会い、どう関わるか、その作戦は教師の大きな役割りで、それにはまず教師自身の強い好奇心、興味、感動、驚きから始まります。

保育園の湯田先生は子どもたちの大好きなカブト虫、クワガタを採ったり、育てたりして、文字を持たない子どもたちの認識と表現を高めています。子どもたちの会話の記録を読んでいくと、その保育室の中に一緒にいるような臨場感があります。子どもの表現活動は大人の芸術活動のそれとは同一ではありません。描いたり、ものを作ったりする行為を通して、経験や対象を確認したり、記録したり感性を豊かにする認識活動の役割が大きく含まれています。湯田先生の子どもたちがカブト虫やクワガタにわくわくしながら観察し、いろいろなことを発見し気づいたことを形に表しています。その一連の行程の中に科学に発展していく芽と芸術に発展していく芽が綯合わされています。しかも感性、情動がそれらの基本にあります。未分化の幼児期だけでなく、数学や社会の学習の中でも描くこと表す行為によった形象的思惟によって、一層理解が深まり、脳裡に定着します。感性・情動に支えられた思惟、それが人格を形成していきます。

PISA（国際学習到達度調査）で日本の子どもたちの学力が低位になったことを受けて、中教審では国語を全教科の中心に置くと言っているようです。かつて経済同友会が出した「合校論」で、「読み書き算と道徳」が学校の任務とした路線（「美術の教室」60号に詳述）が一貫して続いています。しかしPISAの言う読解力とは、漢字の読める量や暗記量ではありません。自分の 意見を持った伝える力なのです。まさに上記のように個々の感性・情動に支えられた思惟力が求められているのです。

今日のような情報社会は、都市とか農村とか、生活の基盤が崩れ、様々に流れ込む情報の中で何を選択していくかが問われています。確かな価値判断をする力の基礎には、確かな感性、情動が必要です。それは現実をありのままに見つめること、実体験を軸にした文学や音楽や美術を通して培われた感性こそ大切です。

今日の子どもを取り囲む文化、苦悩する子どもたちを思うにつけ、今こそ芸術教育の重視を‼と考えるのです。

「セレベス」 小学6年
指導：佐藤寛

紙染めちぎり絵「あじさい」 特別支援　指導：奥田サガ子

脳科学が明らかにする、美術教育の意味

もう何十年も前のことですが、美学者の 松谷彊(はじめ)氏を招いて学習をしました。当時最先端のソビエト心理学では、人の目の動きを特殊な眼鏡をかけて記録する装置を使って研究していました。例えばレーピンの「思いがけない帰宅」という作品を鑑賞した人の目が、玄関に立つ父と部屋にいる妻や子どもたちの間を行ったり来たりする様子が記録されていました。鑑賞者の興味や一番中心になる主題との関係を実証しようとしたものです。

ベストセラー『ひらめき脳』(新潮新書)の茂木健一郎氏によれば、見たり経験したことがどのように脳に伝わり、脳のどの部位に蓄積されていくか、そのメカニズムが解明されつつあります。特に興味があるのは、感情は理性を含めた脳の認知過程の全てに不可分に関わっていて、感性は理性にコントロールされているのではなく(今までそう学んできましたが)、むしろ理性を支えている、これが最先端の脳科学の考え方だそうです。例えば人とのコミュニケーションも伝えたいという情動がないと脳は本気を出さないようになっています。だから絵を描くことも、描こうとする情動をいかに引きおこすかが大切だということです。至極当たり前のことのようですが、脳科学で実証されると、然り!! と手をたたきたくなります。

茂木氏がNHKの「日曜美術館」(2006年11月26日)で、現代美術の第一人者大竹伸朗氏の展覧会で作品を見ながら、対談していました。その発言や質問は上記の脳科学の最先端の成果を確認するようなところもあり、面白く見ました。脳科学から見た美術教育の重要性、そんなことが言われる時が来そうです。

(初出「美術の教室」82号2007年5月)

「柿むき」 中学2年 指導：田島一彦

「私のかあちゃん」 小学5年 指導：君島主一

「色や形による表現」の楽しさ

はじめに

「抽象」という行為が表現の中でどのように展開し、表現をどのように高めていくか、原初にかえって考える必要があります。とはいえ、私がここで抽象について美学的、実践的に「新しい絵の会」に問題提起する力もありませんので、「色による表現」という実践について考えてみたいと思います。

私は都立工芸高等学校デザイン科でデザインの学習として、「色による表現」と似た授業を「平面構成」「構成練習」として、純粋に色彩学習としてやっていました。「絵画」の単位における「写生」や「絵本」や「イラストレーション」に色彩の学習も含まれていますが、「構成練習」は、デザイン科の生徒であり、将来デザイナーになることを前提にして、色彩の学習として授業をしました。日本色彩研究所のカラーチャートもその一つでした。

デザイン教育における色彩学習

こうしたデザイン教育の源流を少し記しておきます。

近代に入り、産業革命により機械による生産が広がりますが、当初は（今も）利潤の追求が優先し、製品の劣悪化などで混乱しました。ギルドなどで伝えられた技術や製品の質が脅かされました。イギリスのモリスらのアーツ・アンド・クラフツ運動は滅びつつあった手仕事を見直し、デザインのあり方を問う最初の動きでした。次にアール・ヌーヴォーが各国で様々な形で花開きます。自然や曲線を生かした作風は日本の美術工芸品に多く学んでいます。

一方で工業技術や生産はどんどん発展し、新しい工業化された都市生活が生まれ、合理性や機能主義的なデザインの運動も起こります。1907 年のドイツ工作連盟の動きは近代デザインの嚆矢といえます。

レタリング　高校１年

その1905年ころ、マチスらは伝統にとらわれず、自由で大胆なデフォルメや平塗りや強烈な色彩表現による野獣派を生み出します。同じころ、1907年ピカソやブラックらは、セザンヌの自然は球、円錐、円筒により成り立つという示唆から、自然対象を幾何学的な基本形態に還元し、立体派を形成し、更に平面的に配置し構成する絵画を作り上げました。立体派の抽象美術を更に急進的に推し進めたのがモンドリアンらで、新造形主義といい、造形要素を直角、赤青黄の三原色、無彩色に限定した純粋の抽象絵画を追求しました。1917年、ロシア・アヴァンギャルドから生まれた構成主義も、自然形態にとらわれず、無対象から出発し、幾可学的な色彩平面だけの抽象世界を描きました。

こうした近代の美術思想の流れは近代、現代に続き大きな影響を与えて今日に続いていますが、その中で、1919年にグロピウスらによって起こされたバウハウスの学校は、教育として、具体的な教育課程としてそれらの思潮を実践したこと、日本の戦後の美術教育に与えた影響も大きいものです。

初期のバウハウスは、芸術と生活の融合や造形活動における手工作を重視し、アーツ・アンド・クラフツ運動の理念が取り入れられていましたが、後半は構成主義者ナギやカンディンスキーやクレー、そしてイッテンらの参加で近代美術における新しい造形の原理の学習が大きく取り入れられました。

ヒトラーは初期バウハウスを容認していましたが、幾何学的な抽象表現や、合法則性や自然や個性から解放された客観的な美に対して、民族主義的な立場と相容れなかったのでしょう、弾圧してつぶしてしまいました。日本でもバウハウスに学んだ山脇夫妻の実践が知られています。倉田三郎(「美術の教室」43号1989年刊)に評伝を記載。岸田、梅原らと春陽会草創の会員で創作と美術教育の業績を残す)が、府立二中(現立川高校)で残した作品が私の手元にあります。コラージュやトーンセパレーションやハイライト描法、色彩構成など、今の実践と変わらぬ作品です(P14〜19)。

少し長い記述になりましたが、こうしたデザインの専門教育を、公教育の小中学校にそのまま利用しようとは提案できませんが、知っておくこと、学ぶことは意味あることです。

「色による表現」の楽しみ

「新しい絵の会」の月例会(常任委員会)の2007年11月の例会で、和光小の伊東のぶはる氏が「抽象“的”表現の可能性」として実践報告をしてくれました。彼は「今の子どもに合ったいろんなことをやった方がいい、抽象とは何かにこだわらないので抽象“的”表現とした」として「切り紙貼り絵」「点であらわす」「面であらわす」など素材や表現方法をいろいろ試みた実践

色彩学習「ナチュラルハーモニー」高校1年

「コンプレックスハーモニー」

を報告してくれました。例えば、「点であらわす」は最初に置いた好きな色の横にそれに合う好きな色を置いてみる、その次にも前の色を意識しながら置いていき、全体を作り上げていきます。色と色の響き合いはその子の性格や感情を映しているのでしょう。バラエティーに富んだ作品が並びました。何よりも子どもたちの集中力と持続性に感心しました。千葉の「でくの会」が2005年に出した「ひびきあう　いろ　かたち　こころ」という作品集に同じような実践があります。

こうした「色や形による表現」は自分の心の中のまだはっきりしないイメージを、色や形を置いてみることによりはっきりしてくることの楽しさが、子どもたちの集中力と持続性を生み出しているのでしょう。

色と色の響きあいの心地良さは個別的なことであり、他の人に侵されることはありません。いまどき誰に阿ることなく、自由に色や形を置いていく行為にひたることができるのはまたとない癒しの世界です。何よりも、自分自身を安心して表せる癒しの世界だからこそ、集中と持続が生まれるのでしょう。表現する面白さ、創り出す楽しさを十分体験することは、今日のヴァーチャルな世界に生きることの多い子どもたちにとって意味あることでしょう。

「色による表現」とメッセージ性

子どもの描いた色による表現を楽しく見ながら、ふと考えることがあります。描いた子は、自分の心の中に湧き起こる心地良いハーモニーを画面に繰り広げていますが、見る私たち、友達は、それをどう受けとめているのでしょうか。美術の作品は、作者がどう考えようと、作品を通して、見る人、友達との対話を生み出します。こうした個のつぶやき、個の楽しみ、個の癒しの世界が今日大きな意味を持ってきています。「どう受け取ってもらっても結構、これは私の世界だから」もありでしょう。

それでも作品は作者のメッセージを送り続けます。他者との対話、交流を生み出す作品、つまり表現という行為は個人的でもあり、社会的でもあります。表現の社会的な面から見ると、こうした非具象的作品は作者のメッセージを他者に伝える機能は具象に比べ伝わりにくいことは否めません。具象だから伝わると単純には言えませんが、作品との対話、読みの深さにあることは言うまでもありません。

今日の学校、学級をコミニュティーとして成立させるコミニュケーション、対話は、個を大事にしながら個と個を結びつける表現活動を求めています。表現活動の社会的な面からも、色による表現を捉えておくことも大事だと思います。

（初出「美術の教室」84号 2008年5月）

色彩学習「ナチュラルハーモニー」高校１年

「コンプレックスハーモニー」

「教科論」時代から学ぶこと

−同じ誤謬を繰り返さないために−

はじめに

一応、図工、美術科の存続が決まり、今後は「教育課程常設委員会」において教科の「再編・統合について継続的に調査・審議」していくことがきまっている。教科の存続がきまったとはいえ、今次教育改革の大きな動きは、「情報」など新しい産業の重視の一方で、芸術教科、とりわけ図工、美術、音楽科の軽視がその特徴となっている。

金子一夫氏の論文（「美術文化」1997年5月号）が出された状況は、第15次中央教育審議会（1995年）が1996年4月に出された経済同友会の「学校から“合校”へ」論に先導されて、第一次答申「生きる力」「ゆとり」「厳選」「教科の再編、統合を含めた教科の在り方」を打ち出し、第二次答申では「教育制度の複線化」「特色ある学校づくり」が出され、1996年8月には教育課程審議会が発足し、教科の再編も含めて討議が進められている真最中であった。

美術教育に関わる諸団体は競って提言やアピールを出したり、シンポジウムを開いたりして図工、美術の重要性とその存続を訴えていた。私たち「新しい絵の会」も総力をあげて取り組み、小誌「美術の教室」で「図工・美術は人間発達の“基礎・基本”」（1996年4月号）、「表現は“生きる力”を育む」（1996年10月号）「私たちの授業からみた「中間まとめ」」等の論文を発表し、斯界に配って“共同”を訴え、拙論「図工・美術教育を建て直す視点をさぐる」を「美育文化」（1997年4月号）にも載せた。

しかし、教育改革の流れや多くの教師、父母をつき動かすことはできなかった。教科の存続が芸術教科軽視の形で残ったのは、残念ながら私たちの努力の成果であるとは思えない。

そのように充分な説得力を持ち得なかった理由は何か。それは何よりも現場の学校の状況、教師の努力と子どもたちの願いがあまりに困難な状況にあるのに、それと切り結ぶことができなかったことに他ならない。

金子氏の論を読んだとき、柴田和豊氏ほど強い危惧を受けなかったのは、現実の教師や子どもたちの状況と重なってこなかったこと。直截な発言の中に現実のある部分を痛烈に批判していることについての共感であった。

同時に金子氏の論を読み進むと、私たち新しい絵の会が、研究・実践に努力して「教科論の確立」を求めた1960年代から1970年代のことがオーバーラップし

1960年代の子どもたちの作品。
自分が体験したこと、見たこと、日常のことを描いた作品です。なんと豊かなドラマが描かれていることでしょう。自分自身がドラマの主人公です。

「子ねこを食べる親ねこ」
小学１年

て浮かびあがり「教科論」追求の内容と成果をきちんと総括していないこと、総括しきれないで今日に続いていることへの痛切な反省を感じるのである。

以上を基調に金子氏の論の問題点と正すべきことを書いてみたい。

子どもの現実、教育の現実

子どもの思考の衰え

金子氏の論は、「主観絶対主義」への批判がその核の一つである。その用語の当否は別として「主観絶対主義とは自分の判断と感情にだけ敏感で、他人のそれや状況には鈍感な大極的リアリズムの欠如状態を言う」とあり、快、不快の感情行動基準とする人たちの大量出現がそれだとする。実際にそのような子どもが増殖している。それを「心の問題」「道徳教育の充実」にすり変えてしまおうとする動きも強い（第16次中教審答申）。

しかも金子氏は「戦後の美術教育は自己表現理論を中核にして進んできた」「未熟な自己でも絶対的価値基準として進めてきた美術教育にもその責任の一端はある」とする。

「現行指導要領は自己表現論に立脚」（藤澤氏）しており、その教育の責任と反省を指摘するのは正しい。教科審答申で「全体として興味や関心を持って楽しく造形活動に取り組んで」いると、現状との乖離を見て見ぬふりをする今次改訂に対する痛烈な批判と受けとめることもできる。

現実に子どもの“思考の衰え”は人の気持ちを想像できない子、物事の推移をイメージできない子など、いじめ問題はもとより日常の行動や思考形態について指摘されてきた。私たち「新しい絵の会」は、金子氏の自己表現論とは異なるが、ものを作ったり絵を描くことが、科学的論理的学習で獲得する能力とは異なるが、物事の真実を掴む重要な能力を育むこと、人間発達にかけがえのない基礎・基本的な行為であることを指摘してきた。そして造形あそびの論理はそれとはなじまないことを明らかにしてきた。

自己チュー児と幼稚園要領

朝日新聞は「どうするあなたなら」という読者参加の連載欄で「自己チュー児特集」（1998年6月10日～12日）を組んだ。自己チュー児の実態にふれ、教師や校長の意見や、その親たちが「新人類」と呼ばれた世代であることにもふれつつ、「急増の影に文部省あり説」を強調している。9年前に改正された幼稚園教育要領にスポットをあて、要領の「個性尊重」について文部省の幼稚園課長に質問しているが、課長は「文部省は明治以来個性教育をやってきた」、自己チュー児が増えたのは「小学校の先生の力量不足ですよ」「小学校の先生は自分の授業がやりやすい子どもを育てたいのか、生きる力を育てたいのかよく考えてほしい」と“新教育観”をまくしたてたとある。

幼稚園教育要領の改訂により、絵を描かない子、描けない子、歌を歌わない子、歌えない子が1年生に増えているだけでなく、自己チュー児による学級崩壊や混乱が大きな問題になっている。単に教師の力量不足の問題ではない。その因果関係を追求するのは当然の課題だ。

造形あそびと“新教育観”

その“新教育観”は1991年3月、指導要領ではなく指導要録の記入欄改訂という形で「意欲、関心、態度」の評価として徹底が強要されるようになった。

当然のこと、図工、美術も“新教育観”で裏打ちされ、その中心に造形あそびが置かれた。

「やぎの親子」小学3年

もともと造形あそびは、都図研研究部の人たちが熱心に取り組んでいたが、彼らは、金子氏が「美術の一つの方法になる。…造形あそびが現代美術の“もの派”系統の実践を基礎にした物質、もの・空間がある条件でもつ力を体験的に理解させる…」と指摘する視点に近かった。

私たちも造形あそびの全てを否定しているわけではない。それは自己の表現活動の中で一つの方法。あくまでも子どもの表現の要求から生まれた表現の方法であるときに意味がある。私たちの創作活動でも新しい素材を使って表現の行きづまりを打開したいと思うこと、試行錯誤することがあるではないか。自分の今を表す方法として素材の力を借りることもあるだろう。

しかし、それが“やらせ”であれば、子どもの要求とは結びつかず、表現として内容を持つことはない。事実、造形あそびの授業そのものが画一的で、作品(?)も画一だ。そこに「子ども」が見えない。

一つの方法としての造形あそびが新教育観の後押しによって表現(表現とは言えないのだが)の全てを収斂してしまった。

管理強化の中での新教育観

造形あそびが登場して20年。昨今のそれは「ゴミでゴミを作る図工教育」「授業への情熱と見通しが立たない」「近ごろの図工ならいらない」といわれ、「削るなら図工ね」という職場の声に、もし「表現科」として音楽と合科したら図工は残らないと危惧される。

藤澤英昭氏が「美育文化」(1997年10月号)で登校拒否の統計をあげ、「これほど嫌がられる学校」の元凶には一体何があるのだろう、その一つとして金子氏の言われる「常識的、現実的な価値」が横たわっていないだろうか」としている。氏は新学力観でいう「知識を一方的に教え込むことになりがちであった教育から、自ら学び自ら考える教育」の立場に立って“常識的、現実的な価値”や、“知識”を“一方的”に教えることの誤りを強調している。

藤澤氏は「学校それ自体がもっと自由度の高いものへと変貌していくことが必要」というが、変貌どころか戦後の一時期を除いて一貫してその自由が奪われてきた歴史ではないか。今、「職員会議は校長の諮問機関」通達でその心臓部さえ自由が奪われた。いくら提言、発言しても“御意見として参考にします”で終わる職員会議。かつてのようなカリキュラムの討議も、行事の計画も形式に終わる。

管理強化と新教育観の抱き合わせは何を意味するのか。中高一貫教育、飛び級、選択の拡大、コース制にみられる「自己責任原則、市場原理、競争社会」論と「ゆとり」の抱き合わせをどう説明するのだろう。

恣意的な造形あそびの“理論”

もう一つの理由に造形あそびの理論の曖昧で論理性に欠け、多くの人に理解されないことにある。

「美育文化」は『子どもたちがつくる学校と教育』という西野範夫氏の論文を29号にわたり載せている。毎号8頁の大部で繰り返し造形あそびの正当性を書いている。氏は文部省教科調査官時代から造形あそびの強い推進者で、後釜に板良敷氏を置き、今次教育改革では、図工科の指導要領作成委員として活躍した。先の号で教課審の報告を解説し、造形あそびが小学校の図工の中心的な役割を果たすことを書いている。文字通り自画自賛、自作自演である。氏は毎号多くの参考文献をあげ、その引用と結びつけて造形あそびを論じている。文献の引用が多ければ多いほど信憑性が薄れていく。西野氏は1997年5月号で「よく、造形あそびは分からないと言われる。もし先に述べたような考え方にとどまっているならば、たしかに分からないだろう。

「盆踊り」小学5年

「紙しばい」小学6年

さらに自らなに斌みることをせずにただ単に形として分かろうとすることでは、造形あそびを理解することはできないであろう。なぜなら造形あそびは分かってすることではないからだ」と書き、同じ号で「しかし、第一回からここまで一貫して述べてきたことを多くの大人たちに理解してもらうことは容易ではない。なぜならば、大人たちは近代の構造の中で長く生きてきており、そこで合理的、実体験的な価値観を刷り込まれてしまっているからだ」と。

造形あそびは作品を作ることに目的があるのではなく、行為そのものに意味があるとしているが、子どもの行為を理解するためには大人自身が持っている沢山の遮蔽層を取り除き「まず一旦、自己の＜外部＞に立つ必要がある。この＜外部＞に立つということは、大人の思考や行為などの枠組みを外すことを意味している」（1998年10月号）。要するに、造形あそびの論理を理解するには自らの外に立ち、造形あそびの中に入り込まないかぎり理解できないと述べているのだが、これでは宗教のようなもので、信ずるものしか救われない。二百数十頁のそこにあるのは西野哲学でしかない。

金子氏に、造形あそびは現代美術の「モノ派」の体験的理解と位置づければよいと一蹴されてしまうのも当然のことであろう。

「教科論」時代の誤謬

金子氏との決定的な違い

金子氏が教育の目標を具体的に「常識的、現実的、合理主義的判断のできる成熟した人間を育てる」ことをあげ、美術科教育の教育目標は「美術の種々の方法論の体験的理解であるべきである」「このような方法論を体系化して理解させていく」「学校教育内容はできる限りプログラム化すべき」だとしている。

金子氏が創作活動の過程は手段であり、それが教育目標ではなく、それによって何を獲得するか、具体的にあげるべきだと指摘する。

金子氏の論と私たちの意見は現行指導要領、新指導要領への不信、批判では重なる所もあるが、しかし、決定的な違いは、「方法論を体系化し」「できるかぎりプログラム化すべき」という点である。私たちは方法論の体系やプログラムがあって、それに表現を当てはめていくことを否定する。表現は個別であり一般化することや体系化すること、順序化することは、様々に生活し生きる子どもの論理に合わない。

私たち「新しい絵の会」は一時期、金子氏と同じような論理を立てて実践的に研究したことがあるが、現実の子どもたちの表現活動に学び、その軌道を修正した。

「新しい絵の会」の歴史から金子氏が多くを学ばれることを願っている。

「新しい絵の会」の原点

「新しい絵の会」の創立は1959年であるが、その前身「新しい画の会」は、1951年に活動を始めた。

「新しい絵の会」創立メンバーの多くは、創造美育協会の活動にも参加しており、そこでの実践を基礎に持っていたが、「子どもたちの社会環境とのきり結びを深め、新しい生活画を育てていく」指針を1955年に立てた。創美の指導的理論が心理主義的な解放論にあったとしても、現実の子どもたちは、民主化が言われながら、実際には家庭に、学校に、町にある封建性の残滓と貧困の中にあり、子どもが一人の人格者として認められない現実があった。その現実と子どもと共に闘う姿勢が教師にあったからこそ、力強い自己主張を含んだ作品群を生み出したのだ。これは東京や都会でなく、地方、農村からの実践が創美をリードしたことからも分

「豚のせわ」小学5年

「牛ごや、生まれた子うし」小学5年

かる。北川民次のメキシコでの実践がそうであったように、現実の子どもたちの生活と関わり、生活を見つめ、生活を描くことが封建性の残滓を見つめ、貧困からより豊かな生活を求める“生きる力”を培ったのである。

私が初めて「新しい絵の会」に参加した1960年は、国民的大運動となった安保闘争のあった年である。このころ、前記のような生活画運動の流れを汲む実践とともに、新しい動きが始まった。この年指導要領は法的拘束力をもっておし出されてきた。それに対応するように民間教育研究団体のあいだに「教育の科学化」がいわれていた。

「教科論の追求」の背景

「新しい絵の会」も、この教科で何を教えるのか、内容をどう組織していくのか、それをどう教えていくべきか等の問題を集中的に討議するようになった。1960年の集会で「美術教育の思想性の問題を教科そのものの論理と切り離して考えるのは正しくない。民主的な教育に対する圧迫との対決は、教科内容の方法に対する積極的な取り組みなしには考えることができない」と美術教育の思想性の追求と教科論の確立が運動の指針となった。

力強い作品を描いた子が、社会に出て都会の波に翻弄され主体性を失ってしまう例を見るにつけ、確かな力を育てねばならないと痛感したのである。

「教科論の追求」の流れ

次年、「本格的な芸術創造は学校の枠の中だけで行われるものではなく、教科教育と分けて考えるべきである。では教科教育で何をいかに教えたらよいとするのか。まさに芸術創造と呼ぶに価する活動、芸術的な諸能力の開発のための基礎を教えることこそ教科教育としての芸術の役割があるといえるだろう」とした。こうして教科の中で積極的に教えていくべき問題を明らかにしつつ、実践プランを作りあげていく共同の仕事が始められた。

そして一時間一時間の授業の課題をあげ、意図的計画的授業とその体系的プランが報告された。例えば、重なりをどう捉え表現させるかなど、子どもの認識の発達と教材選択について考えを進めた。幼児の表現で「基底線」を与えることにより空間認識の獲得をさせることも試みた。

このような実践的な研究で、子どもの表現の発達、子どもの造形の基礎的な部面がかなり明らかにされた。また美術の表現を構造的、分析的に討議し、美術理解を進める視点を追求した。重なりや奥行きなどの空間認識、色のかがやき、視点と構図などの造形性の問題と子どもの生活と題材、表現の生き生きさ、主題の順

「街のくらし」小学6年

序性など主題性の問題について実践的に明らかにしようとした。

こうした実践で明らかにしようとした内容は、柴田氏が紹介している（「美育文化」1998年10月号）北海道立近代美術館編『絵画入門』や、1979年3月「芸術新潮」の特集）に通じている）。領域として「観察による表現」「くらしによる表現」「物語による表現」の三つの柱を立て、それぞれの系統性と相互の関係を考えながらプラン作りを進めた。

こうした実践と研究は多くの疑問を残した。例えば「観察による表現」を進めていくと、写実的な描写力は確実に成長していくが、表現から生き生きした部分が消えるという悩みが出された。それに対して一部の仲間から「生活のどろどろを持ち込むべきではない」との主張があった。いみじくも、今問題になっている金子氏の「心情的な面に学校教育はあまり深入りすべきではない」「個人の内面は大事であるからこそ学校教育は介入すべきではない」「できる限りプログラム化すべき」だという発言と近似している。1966年の大会で石川のサークルの親が漁で獲ってきたスルメを描いた作品と、東京明星学園の店で買ってきて描いた作品の大論争があった。

「物語による表現」は地域の民話や文学作品を優れた絵画作品にしてきたが、物語の主題を表すためにその典型的な場面を描くことが重視され、類型的な表現になるものもみられた。

成功した授業が一般化されるのは良しとしても、形だけを真似した実践が日本中に広まる例もみられた。

「教科論追求」の軌道修正

1970年代になると、60年代の列島改造、高度経済成長政策のひずみや、1964年の中曽根臨教審を受けた教育改革による格差拡大などにより“小学生の非行の低年令化、家庭内暴力、校内暴力の多発、しらけ”や“近ごろの子どもは分からない”など今日の「新しい荒れ」と同じような“荒れの第一のピーク”に直面していた。美術室の石膏像に墨を塗られたのもこの時期だった。そうした自然破壊や生活破壊の進む中で、子どもたちの本来的な生活の回復や生活と教育の結合が学校教育にとっても抜きさしならぬ課題とならざるをえなくなった。手しごとの見直しもこの頃から重視されるようになった。こうして’70年代になって「教科論」の充分な総括がされないまま生活画の積極的な見直しがされた。

（初出「美育文化」1999年1月号）

「甲子園球場に行った」小学6年

版画は庶民の生活をうつす

「自画、自刻、自摺」による版の表現

年賀状に見る版のいろいろ

私たちの生活の中で最も身近に版画に接するのは年賀状です。私も木版やシルクスクリーンで多色の賀状を作ってきましたが、近年コピー機の性能や発色の向上から、原画や写真を取り込んだ作品が多く、いわゆる手作りの賀状が少なくなりました。もとより、木版も銅版もメディアのツールとして発達してきたものです。コピー機もいずれ版画のツールに認める時が来るかもしれませんが、今は「自画、自刻、自摺」した版による表現を追求してみましょう。版画の条件は「自画、自刻、自摺」という創作版画運動の理念と複数性がありますが、近年の美術表現としての版画では、複数性を否定する「モノタイプ」といわれるものもあります。版からの転写による一点作品で版画の概念はどんどん広がっています。とはいえ、版画表現として身近な年賀状では、凸版と孔版が中心で、凹版、平版は専用のプレス機が必要で、一般の家庭では代用がないからです。

凸版

図 1. は堀江紀介氏の作品。文字通り自画、自刻、自摺の板目木版。 版画という言葉の歴史はごく浅く、「美術」と同じように明治から使われている造語ですが、1905 年に山本鼎（かなえ）が文芸誌「明星」に「漁夫」を発表し、「方寸」を創刊して「創作版画」を発展させました。

1. 木版、木版多色刷　2 点　堀江紀介作

後に山本鼎は信州上田の神川小学校を中心に「自由画運動」を興します。自由画とは当時の図画、美術教育が新定画帖を中心とする臨画に対し、自由に題材と手法を選び表現したものです。「写生」だけが形として残ってしまいましたが、自由画運動の中で描かれた写生は、子供たちの生活する村々の風景であり、子どもの見た生活でした。創作版画運動も自由画運動も身近の生活をモチーフにしていることで通底しています。版木は科のベニヤ板が安価で多く使われます。戦後版画教育が始まったころ、版木が手に入らないとき下駄屋さんに行き、高下駄の替歯の朴を買って使ったそうです。最も良い版木は桜で伊豆の山桜が最上とされ、歌麿呂の版面の裏に北斎の作品を彫った版木が発見されたりします。

図２は小坂富彦さんの作。自宅の目の前に仰ぎ見るふるさとの山、北信州の高社山。３枚の版木で５色刷り。多版刷りの版作りでは輪郭線による主版（墨版とも言う）に「見当」をつけ、色数だけ墨版を刷り、それをもとに色版を彫ります。墨版に手彩色していた初期浮世絵が鈴木春信の代に見当が発明され、「錦絵」として飛躍的に発展しました。見当はずれの語源はここにありますが、本来は色のズレたこと。

図３は君島昌之氏の作。凸版ですが陰刻と言われる線を白抜きにした表現、もとより凸版は陽刻と陰刻の組み合わせですが、陰刻だけで建築をモチーフに面白い表現をしています。

図４は教え子の塚田奈穂美さんの作。消しゴムか芋、のような材で蛇や松、文字の三版を作り、色を変えて押印したようです。それほど苦労しないで楽しい賀状になっています。

2. 木版多色　小坂富彦作

4. いも版　塚田奈穂美作

3. 木版陰刻　3点　君島昌之作

孔版

図5は米山政弘氏のガリ版絵。雁皮紙に蠟を引いた原紙をヤスリ版の上で鉄筆で文字や絵を製版。ガリ版は30年前ごろまで教室になくてはならない道具でしたが、にわかに印刷機に変わりました。ガリ版絵を技法に活用している作家はまだまだいます。難点は蝋原紙の入手が難しいこと。

図6は小粥和子氏のシルクスクリーン。今はシルクではなくテトロン紗150メッシュ〜200メッシュを使い、乳液にジアゾを加えた感光液をバットを使って平均に塗布して版にします。原稿は白黒フィルムや光を通さない絵具で作画して作り、露光専用の露光機やライトを当てます。遮光した部分の感光液は水に溶けるので水洗いして版が出来上がります。最近は感光フィルムをアイロンでテトロン紗に定着させます。写真やデジタル映像からフィルム原稿ができるので最近多用されています。私たちの学生のころは蝋原紙をカッティングして紗に定着して版を作りました（カッティング法）版画教材として多く使われました。

このカッティング法は日本では合羽摺り（カッパ）と言って古くからいろいろに使われました。最も簡単なものはカッパ印、北斎は弟子に100枚以上カッパ印を売ったといいます。信州小布施には90歳近い北斎が逗留したとかで、北斎館などが観光の目玉になっていますが、当時の豪商高井鴻山は、北斎から？多数の作品を仕入れて販売しました。北斎のカッパ印も見つかっています。先の平らな摺込刷毛を使います。

沖縄の紅型、京都の型友禅、江戸小紋など布の染めは同じ原理です。和紙に柿の渋を塗り、図案を切り、漆などで荒い紗を張って丈夫にします。伝統的な伊勢の型紙も職人や渋や和紙の入手が困難で絶えそうです。

陶器の染付けなど日常雑器の文様は、合羽摺りやゴム版で和紙に釉を刷ってそれを転写したりします。安物は版がズレたりしています。このように合羽摺りは私たちの身近に沢山使われてきました。

図7は横山裕氏のプリントゴッコによる作。原理はシルクスクリーンと同じ。感光版に豆球を発光させて製版します。プリントゴッコは一時賀状に多用されましたが、近年コピー機やパソコンの普及で使う人が少なく、生産を止めたそうです。手間はかかりますが一版に多色が刷れる優れものです。横山さんの作は4版で12色以上使っています。豆球が手に入らなくなったのでライトを工夫して使っているそうです。

5. ガリ版　米山政弘作

6. 孔版（シルクスクリーン）　小粥和子作

7. 孔版（シルクスクリーン、プリントゴッコ）　横山裕作

版は文化、文明を反映する

銅版（凹版）の視線

縄文土器は撚糸を粘土にころがして文様をつけましたがこれも版といえます。人間の文明の発生とともに版がありました。ろくろで削った小さな塔（百万塔 746 年ごろ）に木版で刷った経を入れたのが最古で、正倉院にも墨刷の宝相華文があるようです。唐代には木版が盛行したので日本でも印仏や経文が刷られたことでしょう。

西欧に製紙技術が中国から伝わったのは 14 世紀末で活字（グーテンベルグ～ 1468）やエッチングが飛躍的に発展します。デューラー（1471 ～ 1528）は油彩、水彩で秀でた人物画、宗教画を描きましたが、木版画を得意とする師に学び、木版連作「黙示録」シリーズを出し、更に写実的な表現を求めてエッチングを学びます（図 8、図 9）。宗教改革の広がった 16 世紀、庶民にキリスト教の寓意や聖書の説話を説くには、写実的でわかりやすい表現が求められ、エッチングが盛行します。大きなキャンパスや壁面に描かれた油彩やフレスコ画とは違った役割が版にありました。西欧では銅版、凹版の技術が進み、美術表現だけでなく科学や文学など文化文明を支える役を果たしました。日本は 100 年遅れてキリスト教伝来とともに伝わり、日本でも銅版が刷られましたが、キリスト教の禁止とともに銅版の技術も途絶えてしまいます。技術（文明）と文化とはそんな関係にあるのです。日本における銅版技法は江戸後期になって、市民社会の隆盛と自我の確立とともに興隆します。

亜欧堂田善（1748 ～ 1822）は福島県須賀川市出身で後に白河藩の絵師になりましたが、独学苦学して銅版画を学び江戸名所図等を描いています（図 10）。同時代の広重の「東海道五十三次」（保永堂版 1832、天保 3 年）と比べてみると面白いです。視点が自分の目の高さにあります。ちなみに須賀川市立博物館は田善の作品の顕彰、保存だけでなく、毎年児童の版画展を行い、その 審査員の一人を君島主一さん（新しい絵の会草創会員）が務めています。

8. 木口木版　デューラー「黙示録」

9. エッチング　デューラー「運命」

10. エッチング　亜欧堂田善「シナカワシホヒ」

石版(リトグラフ)の目

1798年ドイツのゼネフェルダーが、たまたま石版石にメモしたクレヨンに腐食液(銅版に使う)硝酸を塗ったら、クレヨン部分が凸部になったことから研究を重ね、木版や銅版のように彫ることも、インクをつめることもせず、平らな石の上で水と油の反発作用を利用して印刷する方法を発明しました。保水性のよい石灰石を使い、後に亜鉛板を使うようになります。更にオフセット印刷は、円筒版の高速輪転機へと発展しました。何しろ油性の画材で描いた通りに転写複写できるので、美術表現として多用されるようになりました。日本には石版印刷機は1860年に伝わりました。プロシアの使節から幕府に贈られ、幕臣の前で実演してみせたのですが、お蔵にしまってしまいました。北斎や国芳は当時洋書の挿絵を通して石版の表現は見ていましたから、石版機を見たら飛びついていたことでしょう。日本では板目木版多色刷(錦絵)が高度に発達しましたが、細い線や陰影などの表現には制約がありましたが、板目木版ゆえに画面で色面を作っていく独特の表現を確立しました。歴史にもしもという言葉はありませんが、もし20年早く石版機が自由に輸入されていたら、北斎や国芳はゴヤやドーミエみたいな表現になっていたのでしょうか(図11)。

11. リトグラフ　オノレ・ドーミエ「トランスノナン街1834年4月15日」

風土と生活を描いた日本の版画

そもそも版は伝達、メディアの媒体として生まれ発展してきました。版の複数性はそれを受け入れる社会、受け手になる庶民あってのもの。市民社会が大きくなり、出版のシステムが確立すれば、庶民の喜ぶもの、庶民の興味あるものを版元も絵師も留意します。わかりやすい楽しい表現で、新しい情報、新しい知識を満足させる内容となりました。

北斎も広重も国芳も英泉も、東海道、木曽路や東都名所など様々なシリーズで、未知の世界を想像豊かに描きましたが、それらの作品には沢山の人が描かれています。旅する人、働く人、飯盛女まで庶民の日常が描かれており、風景と風俗を措いたことが受けた理由の一つでもあるでしょう。

また16世紀から中国の佳景を描いた瀟湘八景図の水墨が伝わり、八景の落雁、帰帆、晴嵐、暮雪、秋月、夜雨、夕照、晩鐘のテーマが描かれてきました。多くは寺院の障壁画であり屏風絵で、それを享受する人は限られていました。しかし、広重は蒲原暮雪のように、それほど雪の積もらない東海道蒲原にみごとに八景のテーマを折り込み、庶民の生活を描きました（図13)。

北斎の富嶽三十六景も杣人のくらし、夕日を見ながら渡し船で帰りを急ぐ人々や、雪の朝や桜の花見を楽しむ人々の中に富士を入れました。赤富士や山下白雨を純粋の風景画と位置づける人もいますが、朝の早い江戸の庶民は朝焼けの赤い富士はよく見ていたでしょう。雷雨と稲妻の光る上にそびえる富士も、自分たちの富士として知っていたでしょう。人は描いていなくとも人がいるのです（図14)。

横山大観は沢山の富士を描き「美しい日本」の象徴として独裁者ムッソリーニにも贈りました。そこに人々を感じるでしょうか（図15)。日本美術報国会会長となり、敗戦時断罪されると脅えていたとのこと。

14. 北斎「富嶽三十六景　隠田の水車」
渋谷区恩田は原宿駅から坂を下り、青山通りから坂を下りてきて交叉した所。外人観光客と若者たちで狂騒的にごった返している所。

15. 横山大観「雲上富士」

自我の確立へ

開国明治に入り新しい文化、文明が雪崩込んできましたが、石版技術と道具も秀でた職工と共に伝わりました。五姓田義松や高橋由一ら幕末明治初期の油絵を描いた絵師も、外人の技術者に学び、画工と共同で石版作品を作りました。錦絵が絵師、彫師、摺師三位一体で創られたように、石版も高度な技術を持つ専門の画工と版元の役割は大きいものでした。明治 20 年代になると、「額絵」と呼ぶ一枚物の石版画が書店に並びました。新しい文化の香りは庶民を引き付けましたが、庶民の意識や興味、視線も変わっていきました。その中に石版による「懐古東海道五十三次真景」があります。原画は亀井竹二郎の油絵で、明治 12 年に描かれたものです。竹二郎は夭折の画家ですが、なかなかの力量がありました。大山周蔵が印刷出版したのは、広重の保永堂版から 60 年も経っています。文字通り真景ですが、広重も京まで旅してスケッチしましたが、切り取った空間と視点は大きく異なっています。比べてみると面白いですね。

紙数がないのであと一つ、女性の描き方。明治末から大正に入り、浮世絵の評価と技術を生かした「新版画」運動が、風景や美人画を題材に出版されます。国芳に連なる鈴木清方や伊東深水や川瀬巴水らが筆をふるいます。深水の美人画と歌麿呂の作を比べてみると、歌麿は岡場所の女性の生きざまを描いて迫力がありますが、深水らの作は小市民的な“美”の追求に流れています。巴水の東京の風景も、人物の登場はごく少なくなっています。

（初出「美術の教室」94 号 2013 年 5 月）

16. 石版　亀井竹二郎「赤坂宿」

12. 広重「東海道五十三次　赤坂」

17. 石版　亀井竹二郎「蒲原　富士川」

13. 広重「東海道五十三次　蒲原」

18.　歌麿「北国五色墨」

19.　竹久夢二「露地のほそみち」

表現者を育む美術教育を

はじめに

第50回新しい絵の会全国研究集会が東京の和光大学と附属鶴川小学校で開かれました。これを機に、創立のころの「生活画」運動や､60年代から始まった「教科論の確立」を求めて研究実践したころの思想や方法をさぐり、新しい50年に向かって進む課題を整理したいと、共同討議を企画しました。残念ながらそうした討議の場を作れませんでしたが、新しい絵の会の歴史や思想に学ぶことを意識しながら、いま、目の前の子どもたち、学級の子どもたちと共に今日の美術教育を考え、これからの50年の方向がさぐれたらと考えました。

「つながる力」を育てよう。

つながる力は「共感」から

いま、あらゆる領域で「つながる力」の回復が語られつつあります。「新自由主義」という政治経済の流れが生み出した格差や貧困は働く人々の生活の回復、農村の生活の回復、子どもたちの教育の回復などのあらゆる領域の問い直しが求められています。新自由主義、小泉構造改革路線のもたらした自己責任論と競争原理は、共同性の排除、個別性の強調により、人間を、コミュニティーを、子どもたちのつながりをずたずたにしてきました。

自己責任論は相手を黙らせ、閉じ込め、目を内側に向けさせ、社会や企業に対する目や批判に向かわせない大きな力で立ちはだかってきました。自殺に追い込まれた年間3万人余の人々は自己責任論に追い込まれ、苦しみ続けました。死に追い込まれないまでも「うつ病」や心の病で苦しんでいる人は、子ども、老人、若者まで急増しています。

「荒れた学級」や子どもたちを立ち直らせた実践を聞くと、多くが「自己責任、競争主義」から解放し、学級や子どもたちのつながる力を回復していく過程が見られます｡つながる力の中心の一つはコミュニケーション。コミュニケーションとコミュニティーは語源が同じ｡子どもたちのコミュニティーは学級のコミュニケーションは「共感」し合うことから始まります。私たちの求めてきた美術教育は作品を通して「共感」を生み出すことでした。友だちの作品を見て感動するのは、自分もこのように表現してみたいと「共感」していることです。その作品の伝えようとしている主題や技術を含めて自分もこうした作品を作りたいと思うとき、学び合い、教え合う関係が生まれます。それは学級文化となり学級全体を成長させていきます。

「つながる力」は「一人ひとり違っていい」

学級の文化が豊かに発展しているかどうかは、一人ひとりがどれだけ生き生きしているかでもあります。私たちは美術教育では「一人ひとりち違っていい」とよく言います。一人ひとりの思いや感性をどう引き出し響き合わせるかと腐心してきました。

絵を描いたりものを作る行為は、ものを見たり感じたり、想像したことを、一本の線や一点の色を置くことにより形象として、“対象化”することにより、見たり感じたり、想像したこと、ぼんやり見ていることも含めて、はっきりした対象として浮かび上がらせる行為です。対象とのやりとり、描いたり、消したり、試行錯誤の行為は、自分の納得のいくまで鮮明な形象に練り上げられ、主体的な自分らしさに向かいます。こうした表現活動を通して納得した形象さがしは自我の確立であり、価値観（思想）を形づくり、個性とか感性を形づくるのです。それ故に、「描けない子、描かない子」の急増を危惧し、それを良とする「造形あそび」などの主張は看過できないと指摘してきました。

数学者の藤原正彦氏が「情報時代に最も大切なのは、情報を集める能力でなく、過剰な情報に溺れず、そこから本質を選択する能力であろう」「どれも論理が通っているから、何を選択するかに論理は役立たない」「選択は情緒による」と言っています。感性が本質を見ぬき決断すると言っているのです。そのために自然や芸術にふれ、生活体験を大切にすることを力説しています。とりわけ、色や形に置き換えて、見たこと、経験したこと、感じたことを表現として高めていく美術の行為は、感性を育む大切な活動です。しかも形や色による思考は直截的であり、簡明であり、更に総合的に判断するのに秀でています。

「造形あそび」の「一人ひとり違っていい」

私たちは「造形あそび」を全面的に否定しているのではありません。幼児の生活の中でものを作ったり遊んだり、造形的な遊びは沢山あります。また大きくなって、自分の表現活動の必要からいろいろな素材を利用して、新しい造形を試みることもあります。いずれも自分の活動の中から必然的に生まれた造形活動です。

「造形あそび」の目標をここに記すまでもありませんが、「芸術にこそ自由がある、自由な活動なしに芸術は成立しない」「モダニズムのインスタレーションやオブジェに真の芸術がある」と「造形あそび」を肯定する人。概念的な絵ばかり描いている子に刺激になればと、それを実践する人。絵を描かせると差が出てしまうのでと「造形あそび」をする人。いろいろな肯定派の人もいて広く定着しているかに見えます。ちなみに元祖西野範夫氏（教科に「造形あそび」を導入した文部省教科審査官）は、「多くの大人に理解してもらうのは容易ではない。なぜなら大人たちは近代の構造の中で長く生きてきたから」「「造形あそび」の中に入り込まないかぎりわからない」（美育文化誌）と言っていました。

上記のように「造形あそび」に可能性を見いだし、それぞれの美術教育の体系の中に取り込んでいる人々も、子どもたちがいま一番求めているのは「つながる力」であることは認めるでしょう。西野氏らが主張した「個の自由」がその後構造改革の政治の流れの中で「新学力観」に取り入れられ、今日に続いていることは周知の事実ですが、そこで言う「一人ひとり違っていい」と同列に考えている人は少ないでしょう。今こそ、上記のように「造形あそび」を肯定する人も含めて、子どもたちの求めている「つながる力」の視点から美術教育を問い直すときではないでしょうか。

「つながる脳」から学ぶ

私たちは美術教育が人間発達に欠かせない役割を果たしていることを最近の脳科学にも学んできました。昔、想像力を阻害するものと否定した「ぬり絵」を楽しんでいる老人の脳が活性化していると聞いて驚いたりしました。配色を工夫したり、自分の色でぬりながら癒されているというのです。

「今世紀に入った頃から脳科学、特に記憶や意思決定する認識機能に関わる脳科学の進歩がスローダウンしており、その一つの背景に、脳は社会や環境とのつながりの中で働いているのに、それを切り離して研究してきたこと」にあり、「他者からの評価や肯定が脳を動かす原動力で、そうした尊重、敬愛し合う関係」を視野に入れた研究が求められているというのです。「コミュニティといったコンセプトがその結節点となるだろう」（朝日新聞）とも言われています。私たち新しい絵の会は創立の当初から、表現と認識の関係は社会とのかかわり、仲間とのかかわり、生活とのかかわりの中で考えてきました。子どもの創造力は生まれながらに持っているとする、創造美育協会や指導要領に一貫して流れる「児童中心主義」をのりこえてきました。

「造形あそび」の授業で、「つなげてつなげて」「並べて並べて」など“身体行為”を重視したものを見かけますが、並べている間に隣の人と何かを作りたくなっても、ここは“身体行為”が目的なのでだめと認められません。 こうした“行為”は集中力や喜び、判断力による脳の活性化にはほとんど役立っていないと脳科学者が解き明かしてくれるでしょう。

表現を受け取る力が「つながる力」を育む

私たちは子どもの作品を「うまい、下手」では見ません。子どもの作品をじっと見ていると、3～5分も見ていると、その子の姿が浮かんできます。どんなに図式的な概念的と言われる絵でも子どもの顔が見えてきます。逆に、美しい色や正確に描かれた上手といわれる作品も、じっと見ていると子どもの影が薄くて声が小さいことに気づくこともあります。どんな表現も友だちや先生、お母さん、時には表現の中の自分自身と対話しながら、見てくれる人があって完結します。

ヴァイオリニスト千住真理子さんは17歳で国際コンクールで入賞し、1日十何時間も練習して華々しい活動をしていましが、ふとヴァイオリンを弾くのをやめてしまいました。もう一度ヴァイオリンを弾こうと思うきっかけは、ホスピスで終末期を迎えている人達に感動を与え、喜ばれたことにあります。「10代の時は指も腕も思うがままに動いたけれど、表現したいものは何もなかった」「今は演奏により人とつながり合える喜びがある」と語っています。（「クロワッサン」4月25日号）

小説家山本兼一氏は「思いを言葉に紡ぐのが楽しいのは、言葉の向こうに、かならず強い思いを受けとめてくれる人がいると信じているからだ」（朝日新聞）と言っています。美術も音楽も文学も、享受する人々とつながることを願って、自分の思いや感じていることを表現しています。

伝えようとする声がどれほど大きいか、どれだけはっきりしているかは表現者の思いの深さ、切実さ、真剣さにあります。和光小学校の児童だった白井雅世さんが亡くなるすこし前に描いた「スーホの白い馬」は少女の強い生への願いを感じさせたように。しかし同時に、どんな大きな声も、小さな声も、悲しい声も嬉しい声も受け取る人の力でそれがはっきりします。

新しい絵の会の研究会は子どもの作品を軸にとことん語り合います。教室の子ども同士の発言や動きが伝わり、あたかもその教室に同席しているように感じる実践報告は、きまって子どもの絵も生き生きしています。大会速報に「一枚の絵がたくさんのことを語れるんだなあと、その子その絵を大切にしている先生方のすばらしさを感じました。(千葉40代)」とありました。「つながる力」を育む出発点がそこにあります。

表現する力を育む

田中すみ子先生の実践に学ぶ

第50会大会の低学年A分科会に参加し多くのことを学びました。神奈川県綾瀬市の田中先生の実践から学んだことを中心に、表現について考えていることを書かせてもらいます。

ことの始まりは校庭の100年を越す楠の並木を切って校舎を建て替えることにありました。無意識に見ていた大きな木が切られると聞いて、2年生の子どもたちと、大きな木を描いて心に残そうと話し合いました。子どもたちには「かわいそう」「残してあげたい」という思いが湧きました。しかし、木を描き始めるとなかなかうまくいきません。ちょうどそこに光村図書の国語に、「一本の木」という説明文があり、誰でもその通りやると簡単に木が措けるとありました。やってみると説明文と同じ木が描けました。子どもたちも喜 んだのですが、校庭の楠の並木の大木とはやっぱり違うと感じました。そこで思いっきり「木を仲間に入れて」遊んだのです。"木鬼"をしたり、木を見上げたり…そうして描いた絵が以下の作品です。

思いを引き出す

私事ですが、敗戦のつぎの年、国民学校に入学しました。校舎は焼けて、校舎に並んで植えられた楠も根元まで焼けていました。焼けた木株から出た枝がちょうど一年生の次郎君の背丈と同じでした。卒業するときは登れるほど大きくなっていました。今でも同級会で話題にします。楠・樟は樟脳を作るように良い香りがするし、大木になり緑陰を作るので学校に植えたのでしょう。プレハブを建てて校舎を建て替えれば大木の並木を切らずにすむのに、財政を理由に子どもたちの文化財を切ってしまうなんてと、私の思い出とあわせ怒りを感じました。

田中先生は木と子どもたちの関係を紡ぐのに心を配りました。それだけでなく、普段の学級活動の中で子ども同士のつながる力を暖かく作っていました。子どもの絵が「かわいい、ていねい」と感じますが、それは田中先生の人格の投影でもあります。子どもが安心して表現できる環境を作るのが教師の仕事の一つです。絵を見ていると一人ぼっちの子はいないし、どの子も

友だちとの動きがあり、画面の中でドラマを作り楽しんでいます。校庭の空間が自然に描かれています。向こうの大きな楠や遊具を描いた子は、遠近の空意識を確実に身につけ、次の表現にも生かしていくでしょう。こうした豊かな表現がどの子にもできたことは、描き方にこだわらず、大きな楠への思い、友だちへの思いを掘り起こし、表現への要求を生み出したからです。

「概念的な絵」は悪いか

驚いたのは光村の国語の教科書です。大きな幹を描いて二分の一、二分の一と枝を描いていくと木が描けるというものです。光村の教科書を使った多くの子どもたちはこの描き方による既念的な絵からぬけ出られなくて苦しむのではないか、ひどい教材だなあと思いました。事実、田中先生の子ども達もその概念的な絵からぬけ出るのに大変で、後々までそれが残っている子もいます（下図右）。

しかし、ちょっと待てよ。概念的な絵がすべて悪いか、概念を作ることはすべて悪いか、そうではないでしょう。お人形さんの人間、上の意味を表す太陽、美しいの代名詞のようなチューリップ、上の方に描いたものが遠くのものを表したり、子どもたちは概念を獲得しながら表現をしていきます。

昔、1950 年代、創造美育協会が一世を風靡したとき、会の指導者が「良い絵、悪い絵」の選別を公開しました。悪い絵とは“概念的”といわれる絵でした。しかし、繰り返し繰り返し描いているお人形さん式の絵でも、よく見ると何か一つ二つ新しいことが描かれたり、その子の思いがあるのです。子どもたちは概念を獲得し概念を使って表現し、新しい表現の要求からその概念を打ち壊し、次の表現へと成長していきます。

キミ子方式、サカイ方式など○○方式も概念を作ることです。その題材を指示通り描けば自分でも満足できる絵が描けますが、次の題材を自由に描こうとすると描けないのです。光村図書の教材は本物の楠を描きたいと、田中先生の子どもたちが思ったとき、それは役に立たなかったのです。どんな表現にもその表現にあった技法や方式があります。しかし、○○方式といわれるものは表現の根幹になる、思いを引き出す方法がないのです。表現の方法や技法は表現の必要から生まれます。表現の道具も本来表現の必要から工夫され使われます。概念的な絵や一つの方式の絵から脱皮するには、田中先生がされたように、自分の思いから表現の要求を持たせ、新しい表現に発展させる必要があったのです。

いろいろな表現を

絵を描く行為は絵本を読んでもらったり、テレビを見ることに比べ、はるかに能動的で積極的な動機が必要です。戸外で遊んだり、自然や動物にふれあうことがどんどん少なくなっていますが、それと比例して絵を描くことも減っています。お人形さん式の絵でもいい、体験したことを描くことでもう一度体験をふくらましてほしいと願うのです。

概念的な絵でもいい。描くことが大事だと描くことを強調すると「描ければいいのか」という声が出てきそうです。しかし、敢えて描く力を育てようと強調しなければならない状況にあるのではないでしょうか。田中先生の子どもの絵のように、完結したタブローでなく、スケッチ、クロッキーと言われるような心の中にわいた形象を直截に簡明に記録したものでよいから、まず描くことが自然な子どもたちに育ってもらいたいと思うのです。

朝食の様子を描かせて統計を取っている研究者がいます。その人の解説に食卓やテレビは正確に描いているのに、人が記号でしかない子が多いのは食事が一緒にできない家庭が増えているからだとありましたが、それも事実ですが、何より絵を描く事が少なくなっていることがあるのではないでしょうか。お絵かきをしない保育園、幼稚園も多くあります。家庭で絵を描いたことのない子も多くなりました。描けない子、描かない子が増えているのは大人のせいなのです。何のために描くのか、何を育てるのかという議論を進めると、美や真実に対する豊かな感受性を育てることに向かいます。美の問題を美術教育の中心課題であるとする意見があります。それを抜きにして描く力を育てようというのは意味がないという意見も正しいでしょう。テーマ、主題性の議論もしなければなりません。しかし、敢えて「描く力を育てように」こだわりました。

この拙論は「つながる力」を軸に書きました。今日の学校は、戦後資本主義の矛盾の究極の到達とも言える小泉構造改革路線に、子どもも教師も翻弄されています。ようやくそれから脱する可能性が見えてきたとはいえ、教育改革はいつも遅れ、困難な状況は続くと思います。そうした中で「つながる力」を軸に考え、美術教育もその中心になって役立てればと思うのです。ご意見をいただき、新しい時代にふさわしい美術教育が探れることを願っています。

（初出「美術の教室」87号 2009年11月）

絵本づくりのいろいろ

日本の絵本は長い歴史の中でようやく一つの芸術領域としての市民権を確立した。絵本は子どもの出会う最初の美術作品となっており、1枚の絵画作品と基本的には同じであるが、絵本はいくつもの場面の組み合わせで一つの主題を表現する絵本独特の時間的空間的表現の可能性を持ちながら、様々なテーマを子どもたちに送り届けている。

今日の豊かな絵本文化の中で、ただそれを享受するだけでなく、親が子に、あるいは子ども自身が絵本を作って楽しむことも多くなっている。その昔、江戸末期に、一枚摺りの錦絵を切って折りたたむと小さな絵本になるものが出た。母と子が絵の裏打ちをし、裏表紙をつけて本をつくっている様子が目に浮かぶ。そんな手づくり絵本の楽しさを授業で取り組むために、参考になることを記してみる。

装本のいろいろ

最も単純で原初的な製本技法は巻子本である。古く中国で活用され、エジプトでもパピルスの巻子本もつくられたという。西欧は動物の皮を晒し用いていたので、早くから冊子形式となった。

巻子の最初と最後に表紙を付けて折り重ねたのが折り本である。日本にはどちらも早くから伝えられたが、連続的な表現に都合のよい巻子本は、絵巻物として独

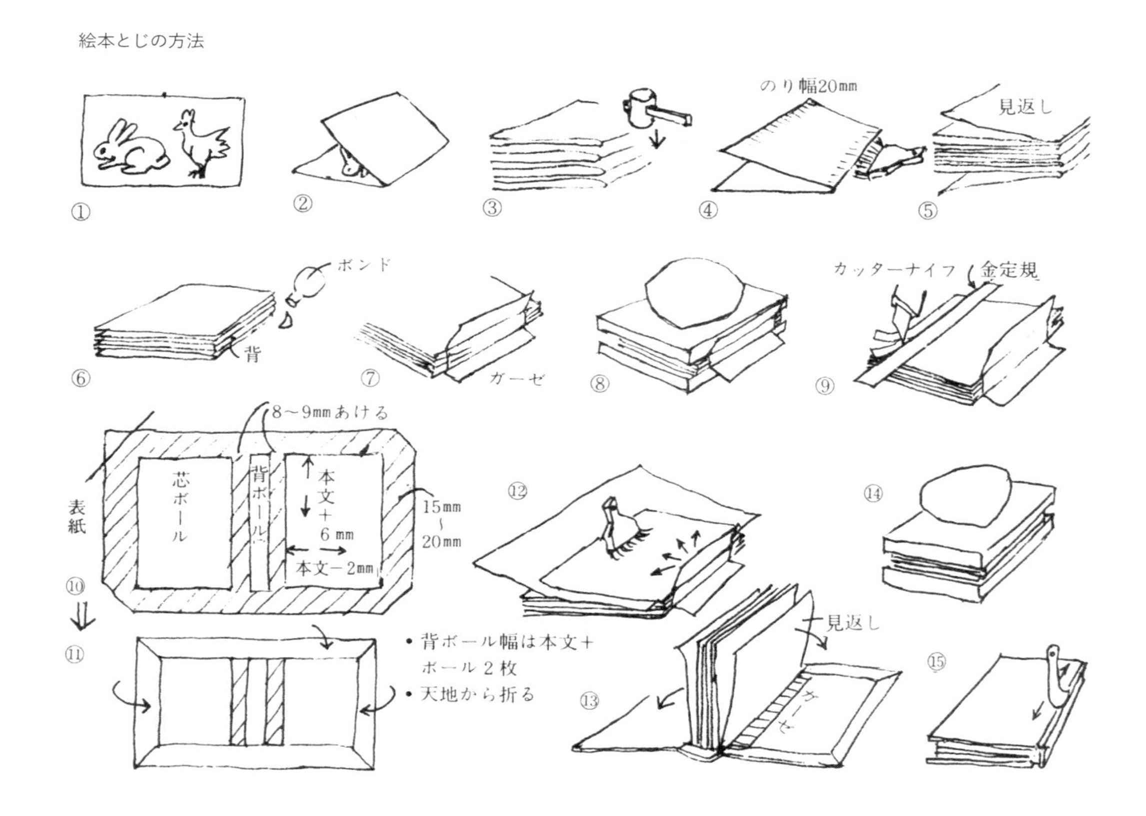

特の発展をした。長尺の連続的空間は俯瞰的表現や空間の重複、時間の重複などドラマの表現に巻子ならではの効果をあげた。

折り本は冊子本と巻子本の中間の形式であるが、折り本は希望するページだけを開くことができるし、折り本によりページごとの区切りができ、巻子の連続性とは異なった利点がある。

版の発達により、刷り上げたものを重ねて綴じる形式が生まれ、冊子本が主流となった。その形から胡蝶装とか粘葉装とよばれた。日本では糊を使わず糸綴じする独特の和とじ本が生まれた。

胡蝶装は刷り上げた用紙を、印刷面を内側にして半折し、外側の背に糊をつけて重ねる。私の実践する「絵本とじ」の原形である。

和とじはその逆で、印刷面を外側にして半折し、重ねた本文に表裏の表紙をつけて糸でとじる。糊を使わないので虫に食われることも少ない。糸のかけ方で亀甲とじなどの名がある。

明治になって西洋の印刷技術とともに伝えられた製本技術は、2つ4つ8つ16、32と折って32ページを一丁として綴じたものを何丁か重ね、小口や天地を裁断する。私の実践する「4めくり」はその変形だろうか。あるいは江戸時代以来の“おもちゃ絵”(最近の造語)としてあったものだろうか。

1枚の紙を折り合わせたり、組んだりして画面が周期的に表れる“3めくり”“6めくり”“パタパタ”など、いろいろな手遊び絵が江戸時代からあり、子どもたちを楽しませてきた。歌川派の人達が「いせ辰」など千代紙屋から出した組み立て絵などの手遊び絵の流れと思われるが、いずれもカラクリとして遊ばれた。そこに新しいドラマをつけて“手遊び絵本”として生かすのも面白い。

手づくり絵本、手遊び絵の基本

小学生や中学生、高校生に手づくり絵本や手遊び絵の実践をするとき、絵本の 装本や手遊び絵の折り方を考えるといくつかの類形が生まれる。私の実践では、

◯パッチリカメラ
◯消える絵、パタパタ
◯3めくり
◯4めくり
◯6めくり
◯折りたたみ絵本コマ絵
◯折り本絵本
◯絵本

などである。伝統的な技法としてすでに存在していたものをアレンジして、新しい手づくり絵本の実践をしている。

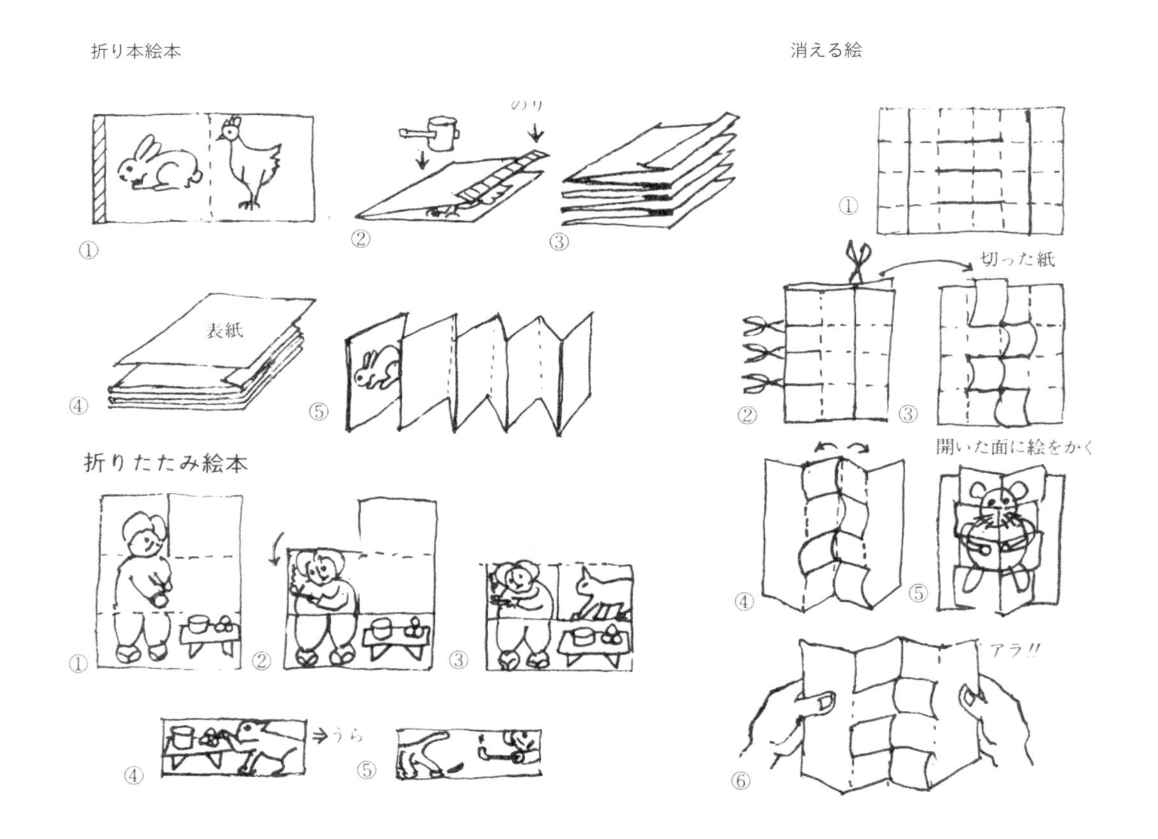

●お話づくり

絵本づくりは装本や表現形式が内容に影響するが、やはりストーリー作りをどう指導し、内容を練り上げていくかが第一番に問題になる。

絵本のように本格的なものはストリーづくりと場面割りに相当の力を入れる。私は生徒自身の幼少や少年期の体験で心に残っていることを物語につくらせている。まず題（全体の構想）を決め、大雑把なストーリーをつづる。次に場面割りをする。場面は次につながるよう前後の場面の関連を重視し、会話などを整理、補充していく。同じことの繰り返し、起承転結の山場作りやお話のリズム作りに留意する。ワラ半紙で試作用冊子をつくり場面を置いてみる。そのときに、時間や場所の異なるものでも、同一場面で組み合わせて一つにまとめると効果のあるものを整理する。場面ごとに完結しないよう流れをつくることが大切である。

折り本絵本は「数のイメージ」というテーマを与え、10の場面をつくり、登場するものが1から10まで順次増えていくストーリーをつくらせる。折り本は全部広げて見ることができ、絵巻物的要素がある。
6めくりや4めくり はユーモアや機知、意外性のあるストーリーと場面を考えさせる。

●絵づくり

前にも記したように、絵本にはその形式により独特の空間表現と時間表現が可能だ。視点の高い俯瞰的表現やロングやアップなど視点を変え、絵と文字の配置に配慮し物語の流れをつくり出すよう留意する。試作冊子で大雑把な構成をする。

登場人物のキャラクターを決める。キャラクターづくりは写実的であれ、マンガチックであれ、人物のリアリティーを追求させる。キャラクターをきちんと描いてから場面ごとの絵を描く。背景や状況説明はできるだけ省略する。部分で全体を想像させるような表現も効果を上げる。

●鑑賞

同級生同士の鑑賞だけでなく、上級生が下級生の教室に出向いて見せると、また大きな意義が生まれる。

（初出「形 forme」171号）

絵本とじの方法

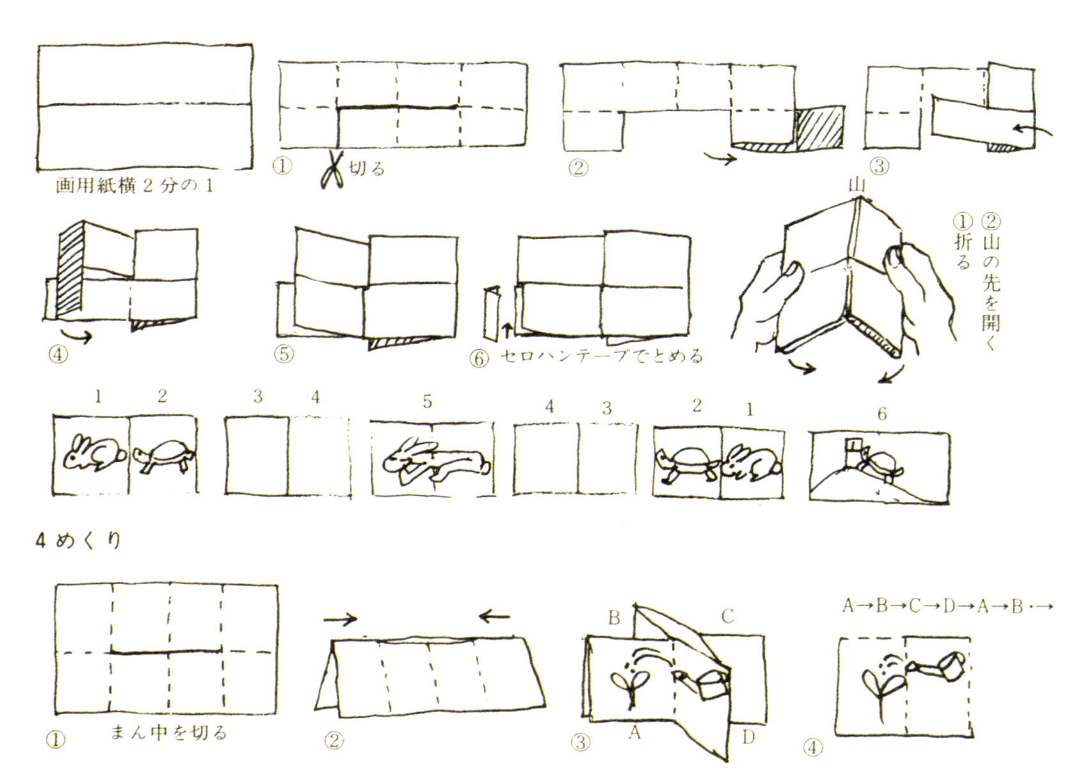

ジャポニスム

－西洋文化の変革期に出会った日本文化－

西欧美術の一過程

日仏の美術関係者が5年をかけて共同研究した成果が「ジャポニスム展」としてパリ（1988年5/17～8/15）に続いて東京（同9/23～12/11）で開かれた。NHK、読売新聞の宣伝もあって、にわかにジャポニスムの言葉が巷間に流布し話題となっている。文化の国際交流のあり方を考えさせてくれる好企画であるが、半可通な「19世紀西洋美術への日本美術の影響」論や、「日本の美術の偉大さ」の強調や、その逆に「西洋的な消化力」（朝日新聞）の偉大さを強調する一面的な論がみられるのは残念である。会場に並陳された西欧と日本の美術作品に則して異文化から学び合う基本的な姿、文化交流の原則を明らかにしておくことは今日的課題であろう。

もとよりジャポニスムは西欧の研究者の重要なテーマであり、西欧美術の一変革期に日本美術がどのように関わり、新しい芸術運動の興隆に寄与したかを実証する仕事であり、西欧文化の長い歴史と伝統の流れの中で捉えられる。日本美術と接した彼らが「あくまでも自らの伝統領域のなかで自分のものにしている」「西欧美術の脈絡構造のなかでとらえることのできる外来の要素だけ取り消化している」（朝日新聞）のは当然のことといえば当然のことである。彼らも“異国趣味”

ガレ「鯉魚文花瓶」

マネ「笛を吹く少年」

や模倣の段階から自らの伝統と構造に同化吸収するステップをふんでいるが、もっとも重要なことは、それらを自ら求める要求があったことと、それらを要求する歴史的契機があったことである。

「印象派が浮世絵版画に影響されたのは、日本美術の名誉でも勝利でもなく印象派の名誉そのものであった。」（同上）とするのは印象派あるいは西欧の側に主軸を置いた論理であり、芸術運動を熟成させつつあった彼らの要求とそれをつき動かした契機（社会構造の変化、新しい自然観）が語られなければ片手落ちであろう。日本という異文化との出会いも自らの要求が成熟していたからこそ出会いがあった。しかも、大事なことは、会場に並陳されている日本の美術工芸品の質の高さと量（バラエティー）の豊かさに感嘆されたように、彼らの要求に応えるそれがあったことを見逃してはならない。ジャポニスムを語るとき、決まって浮世絵と印象派の関係を強調するが、西洋の人びとが興味を示したのは日本美術の広い領域であり、シーボルトその他のコレクションを見れば分かる。彼らの集めた作品の質の高さ選ぶ目の確かさ、それに応える日本の作品が“ジャポニスム”を生みだしたのである。

彼らは日本の何に興味を持ったか

ジャポニスムについてまだ関心の少ない頃に出た、東京堂刊『美術用語辞典』には「19世紀後半、ゴンクール兄弟等による日本の浮世絵の紹介と熱愛によってフランスの一部文化、画家の間に生じた日本趣味をいう。これは18世紀の西欧にみられたシナ趣味程一般的ではないが、画家の間には作画上において表現技法、作因の点で浮世絵の影響は大きい（モネ、ゴッホ等）。同様の傾向は僅かではあるがイギリスその他にも見られる。」と不充分な説明しかない。1985年刊新潮社『世界美術辞典』でさえ同じ程度の説明しかない。ようやく近刊平凡社『大百科事典』にほぼ正確な解説がみられる。

しかし、その平凡社大百科事典でさえ「その真偽については異論がないわけではないが」としながら、「1856年版画家ブラックモンが陶器の包装詰物に使われて偶然送られてきた「北斎漫画」を発見し、そのデッサンのすばらしさに驚嘆し、これを友人のマネ、ドガ、ホイッスラーらに伝えたことから、やがて印象派の発生に影響を与えた」という信じがたいエピソードを引用している。

「北斎漫画」が詰物に使われたとか、浮世絵が陶器の包装紙に使われたという伝聞は古くからあり、それがどこから生まれたかは知らないが、日本人美術商が明治34年までの11年間にフランスで15万6487枚の浮世絵を売ったという事実からして、相当量の浮世絵が商業的に流通していたことは確かである。その中で「北斎漫画」は発行された当時から江戸市中で評判だったし、医師シーボルトが日本滞在中（1823年〜30年）に集めたコレクションの中にも含まれている。荷造りの詰物に使われたなどとは考えられない。ちなみにシーボルトは江戸で5週間過ごしたおりに北斎に直接作画を依頼して持ち帰ったことが今年3月に明らかになっている。彼の挿画入り大著『ニッポンの記録集』がヨーロッパ全土で読まれ日本文化の豊かな情報源となり、後にコレクションはライデンの博物館で公開された。

“ジャポニズム”を語ると、きまって浮世絵と印象派の関係から始まるが、西洋の人たちが興味を持ったのはただ浮世絵だけではなかった。シーボルトのコレクションをはじめ1853年ペリーが浦賀に投錨以後、1858年には各国と修好条約を結ぶために来日した各国使節は日本のあらゆる分野の美術工芸品を買いあさったように、日本文化全般について興味を持っていた。陶磁器がイギリス、フランス、デンマークのそれに与えた影響、染色型紙がアルザス地方の壁紙工房に与えた影

ジラール「日本の化粧」

響、金属工芸品がティファニーやクリストフルの銀器に与えた影響、ガレのガラス器やラリックの装飾品が「北斎漫画」その他の挿画から利用された意匠で飾られたことは絵画以上に大きな影響を残している。更にライトの建築設計や家具のデザインにも影響を残したことも見過ごしてはいけない。

新しい視点を日本文化に見つけた

日本の浮世絵版画や陶磁器、金工品などに用いられたモチーフや造形理念が上記のように絵画をはじめ全ての領域で影響を与えた。いずれの場合も“異国趣味”“模倣”から始まり、消化吸収されて彼らの表現に同化された。

そういえば、朝日新聞日曜版に連載された「世界名画の旅」で、今展覧会の企画者の一人であるラカンブル女史が「オルセー美術館が担当する19世紀後半の美術は日本美術の影響を抜きにしては語れません」「19世紀後半の西洋美術で日本美術が果した役割はルネサンス美術を育てたギリシャローマの古典美術に匹敵する」といい、「ジャポニズムは近代美術史上のルネッサンスだった」とさえ語っていたのを思い出す。研究 当事者の思い入れを差し引いても影響の事実は少なくなかったことを彼女らは証明している。

近世日本の絵画において透視遠近法を導入したのは庶民相手の浮世絵であり“浮絵”としてであったが、それも享受する庶民の目がそれを要求し受け入れるまでに高まっていたからこそ可能であった。北斎、広重らの作が視点が高い俯瞰的表現が多いのは、庶民の生活と自然をグローバルに捉え描く方法に適していたこともあったろう。

あくまでも自らの伝統領域のなかで自分のものにしていったのはジャポニスムの場合と同じである（残念ながらその後の近代絵画への結びつき、西欧絵画との交流には時間的にも組織的にも受け皿が空白を余儀なくされた）。

会場の作品を見て、たとえば、日本の染色型紙にヒントを得て作られた壁紙「日本風」（カルト社製）がなんともバタ臭いし、マネの「笛を吹く少年」が浮世絵の影響を受けた好事例と解説が添えられているが、もっとも西欧絵画の伝統を感じさせる。

「ニッポンが印象派を生んだ？（1988年9月24日、NHK TV)」で高階秀爾氏が「源頼朝像」と写楽の役者絵を並べて「笛を吹く少年」の平面的処理簡略的表現、色彩的効果の類似性を強調されていた。実際にマネの作品を見れば分かることだがマネの作品は黒一色に見える上衣も、青や白で腕や肩のボリュームを出そうとしているし、顔もズボンも色彩で形態の肉付けを追求している。しかし、「頼朝像」は鋭い衣文線の中を黒一色で彩色した袍（ほう）（上衣）と純白の顔面に細く柔かい墨線で表情を描き出しており、その強い対比が人物像を一層浮き彫りにしている。光の意識、空間認識も両者は異なっている。“類似性”を強調するより、浮世絵から学んだマネの独自性こそ目を向けるべきであったろう。同じように、ピサロ「オペラ座通り、陽光、冬の朝」の俯瞰的表現を浮世絵のそれと重ねて解説しているが、ピサロの時代にはエッフェル塔が建ち、5～6階建の高層のストリートが並び高い視点からの眺望が日常的になっていたことを見逃してはならない。

文化は学びあうものであり、“類似性”はどこかに潜在するだろう。しかし、大切なことは、学んだ主体の独自性、民族性、歴史的な伝統と一方のそれを対等に評価することであろう。文化の国際化が進む今日、お互いの文化を認めあうためにも、その視点を確立しておく必要があろう。

（初出「美術の教室」41号1989年1月）

ピサロ「オペラ座通り、陽光、冬の朝」

授業のトビラ

Jugyo no Tobira

「美育文化」誌に 1987 年 4 月号から翌年 5 月号まで、1 年間連載させてもらった論考です。ただ授業に役立つ雑学としてでなく、美術について幅広く、深く考えるきっかけになればと書きました。

JUGYO NO TOBIRA

1

知られざる浮世絵師の生活

写楽・北斎のなぞ

昭和58年度の江戸川乱歩賞『写楽殺人事件』の著者高橋克彦氏が、今度は『北斎殺人事件』を出した。氏は少年の頃から浮世絵に惹かれ、明治初期の歌川芳年らの浮世絵や新聞挿絵のコレクターでもある。『写楽殺人事件』は写楽の人間像を浮世絵の門外漢にも分かる平易な解説と綿密な考証で解き明かし、現代の古美術をめぐる陰謀と結びつけ、殺人事件の推理を展開する好著であった。ふだん推理小説と縁の少ない多くの美術愛好家や研究者も推理の妙と新説「写楽＝秋田蘭画家」を興味深く読んだようだ。

秋田蘭画は蘭学者平賀源内に教えを受けた秋田藩士小田野直武が、藩主佐竹曙山らに広め、日本で最初に西洋画の技術を習得して日本の風景を描いた集団である。直武は「解体新書」の挿絵を担当し正確な描写力でその本の価値を高めた。写楽の作風は「……あまりに真を画かんとしてあらぬさまに書なせしかば長く世に行れず…」(「浮世絵類考」)とあるようにその表現の近代性は、明治のフェノロサでさえ「醜陋（しゅうろう）」と極言したように、当時の役者や庶民に理解されなかった。写楽＝秋田蘭画家の正当性は別として、両者の革新性を結びつけた発想はユニークである。御存じの通り、写楽はわずか10カ月の間に140余枚の役者絵・相撲絵を描いて忽然と消息を絶った。ナゾの人として本人捜しの諸説は豊国説、蔦屋説。北斎説など十数種にのぼり後をたたない。

もっとも出生、経歴不明なのは写楽だけではない。大北斎にしてもほとんどそれは不明である。広重も自伝を残したが明治初期に焼失して不明な点が多い。まして二千数百人いたという浮世絵師の大半は生没歴不明である。高橋氏が「北斎＝幕府隠密」説をからめて『北斎殺人事件』を書いたのはまた面白い。前作同様、推理小説の部分以上に浮世絵についての豊富な知識に興味がわく。

北斎は九十歳で亡くなるまで画号を変えること三十余、転居九十数回、一生に三万余点の作品を残しながら常に赤貧、よく旅をしたとのエピソードが残る。誰でも知っている北斎伝説であるがその一つひとつに疑問を投げ、推理を組みたてている。北斎の画料は他の人より高く、一丁(見開き二頁)一分とある。現代の稿料に換算するのに衣食住あらゆるものを比較し、卵や米や酒、鰻丼、初鰹など当時の貴重品を外し、一文を25円として挿絵4万余円、錦絵2.7万円、肉筆5.4万円と割り出し、三万余点の総画料9億円と見積り、全盛時代の年収は高額であったとする。北斎赤貧説がウソであるならその金はどこに流れたのか。生家の川村家は、代々お庭番で市中の情報を探索する職にあったと推定して隠密説につなげ、当時の旅行は伊勢参りでも最底40万円、楽な旅ならその倍はかかった

東洲斎写楽「市川高麗蔵の志賀大七」

「岩松院図屛風」

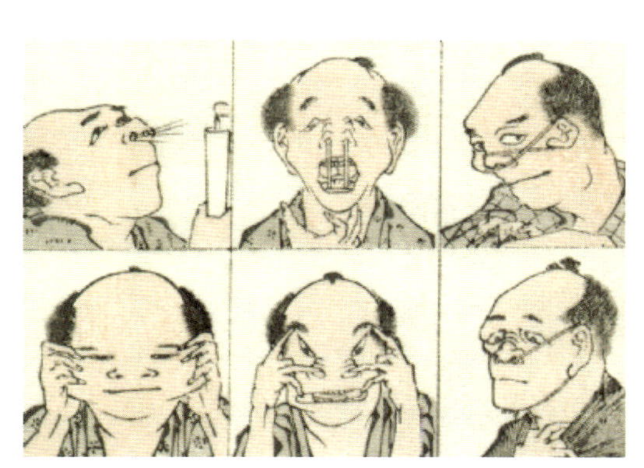

「北斎漫画」より

自画像「北斎漫画」

だろうから、隠密、探索の旅行に金が消えたと推理する。もっとも役職で旅に出るなら出張旅費や手当が出るはずだが、それにふれていないのがミソである。

北斎は最晩年83歳を過ぎて2度(一説に4度)長野市郊外小布施町の豪商高井鴻山を訪ね、肉筆絵多数と岩松院本堂の天井絵、山車の天井絵を描いたとされている。小布施町は北斎館を建て観光の目玉としている。北斎がなぜ小布施に行ったかその理由は不明であるが、著者は鴻山の人脈をたぐりよせ、鴻山ら幕末開国派の動きを監視するためだったとしている。ドラマの主人公が岩松院の天井絵(21畳大の鳳凰図)(上の図)を仰向けになって見上げ、涙を流す場面がある。北斎作であることを前提にしているが、小布施の北斎の真贋論争を知っての上であろうか。

世界的に浮世絵の評価や研究熱が高まる一方でその絵師の生活や人間像は不明のままである。作品鑑賞とあわせ、絵師たちの日常に想いをはせるのも面白い。

東洋の合理主義

体と寸法の関係をさぐる

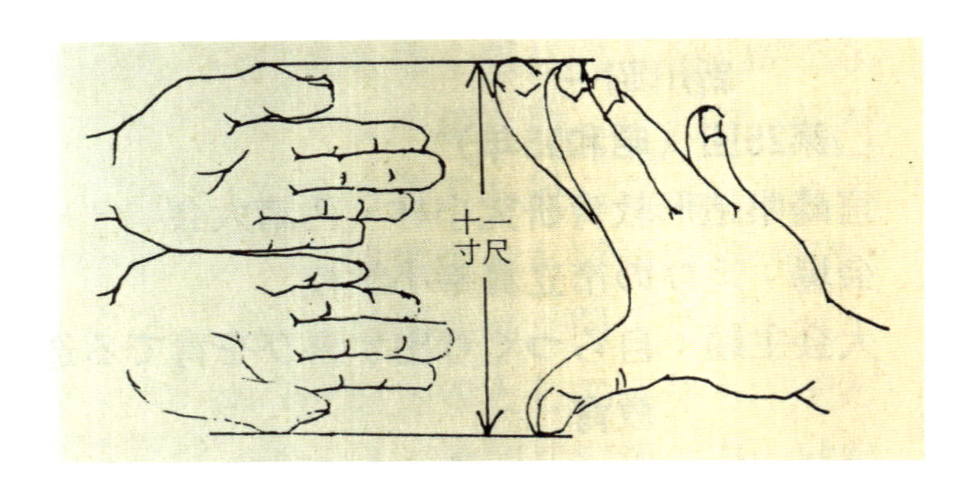

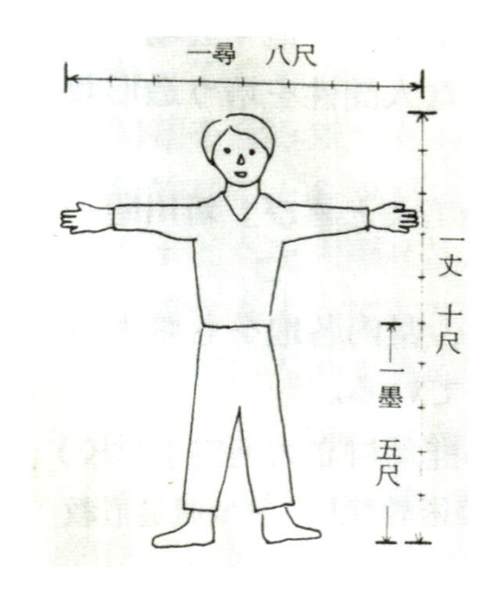

「墨」という字に長さを表す単位があったことを知る人は少ない（中国大使館の若い書記さんも知らない死語になっている。中国でもメートル法による計量法が定められ、漢方薬など一部を除いて尺貫法は使われなくなった）。一墨は一丈の半分の五尺。一丈とは成人の背丈を意味し、その十等分が一尺になる。「丈夫」とは一人前の男のこと。身の丈の中心（半分）には黒い臍があるから墨という単位が生れた。漢字が作られた頃の中国の成人男子は臍が体の中心にあるほど短足型だったようだ。短足といえば我々中年に比べ現代の青少年の足の伸びはめざましい。筆者の勤務する高校の生徒の臍の位置を調べたら男子は足もとから59.6%の位置にあり、女子は61.1％の高さにあった。「墨」は本来の意味からズレてしまったが、長さやかさや重さを計る単位が人間の身体を基準に生み出されたことは面白い。

「尺」はよく知られているように図のように手を開いた親指と中指の先の長さを一単位とし、尺の字はその象形文字である。手を広げ指を当てて物に渡って計っていく様はシャクトリムシとそっくりな動きをする。私の“一尺”は20センチである。「尺」の字は「指を布いて寸を知り」と漢代の書にあるそうだが、寸の字の寸はおりまげた手の形であり、点は指一本の意である。十本並べると十寸つまり一尺になる。自分の指を並べてみるとほぼ20センチ、手を広げた“一尺”と合致する。

「尋」という字は左と右の両字を合体して作られている。両腕を広げた両指先の間を手の尺で計ると八回、つまり八尺が一尋となる。小生の身体もピタリ、八尺である。尋という単位もあまり使われなくなったが、今でも長野の山村では刈った茅を縄を両手で広げて一尋の長さにして束ね、一玉としている。

小生の身体を単位とすると一寸は2センチ、尺は20センチ、一尋は160センチとピタリ比例しているが、身長は167センチしかなく、身の丈10尺とすれば200センチ必要であり、手が大きいのか足が短いのか。もっとも10尺の大丈夫や偉丈夫は当時も大男で稀であっただろう。紀元前10世紀〜前1世紀の周尺では22.5センチであり、すでに為政者により長めに延ばされてい

るがまだ身体の実寸に近い。それが現代中国では33.3センチ、現代日本では30.3センチに延びているのは言うまでもなく為政者の収奪の証左である。かさを計る斗や合は春秋戦国時代と現代を比べると実に423％増になっており、重さを計る両や斤は168％増になっているという。日本でも太閤検地の検地竿（6尺3寸）を7尺にしたところがあったり、升を勝手に大きくして収奪した悪代官の話はいくらもある。しかし、量や重さに比べ長さの単位が38%増にとどまっているのは、住居や家具が人間の身体と生活に強く結びついており、それを作る職人が寸法を代々守ったからであろう。

尺と同じように女子の手を基準にした咫（あた）という単位は尺の8割、18センチとされ、細工物や小さい物を計るのに使われたという、その名残りが箸の長さは昔から「一咫半」という言葉があり、広げた手指の1.5倍の長さが使い良いとされている。箸に“夫婦”の大小があるのも男女の手の大きさから生まれた。同じように茶わんや湯のみにも大小がある。西洋や中国、朝鮮では盛り合わせたものを取り皿や小鉢に取り、卓に置いたままスプーンやフォークで食べるから、器の大きさや重さを気にすることもない。取り皿に個人別もない。それに比べ日本の食事はご飯も汁も魚も煮物も初めから個別に盛りつけて並べられ、お父さんのお茶わん、お母さんのお茶わんときめられた食器を使う。使うものの手の大きさに合わせて器の大小がきめられたのも自然である。西洋のカップやジョッキに“夫婦”的大小がないのは、把手を握って使うからである。

ビールびんの太さは持って注ぎやすい寸法になっている。しかし、コーラの1リットルびんはその必要がないからズングリ太めなのである。ワインのびんの太さ、茶筒の太さ等々、直接手を当てて計ってみると寸法に原則があることが分かる。

一挙足を三尺、二挙足を六尺（一間）としたのとフィート（30.4センチ）は同じ発想であるが、フランスで定められたメートル法は科学的に割り出してきめたものであり、基本的に異なる。メートル法の定着とともに器物の寸法のきめ方も変わってきた。生活の変化とどうかかわっているか考えてみるのも面白い。

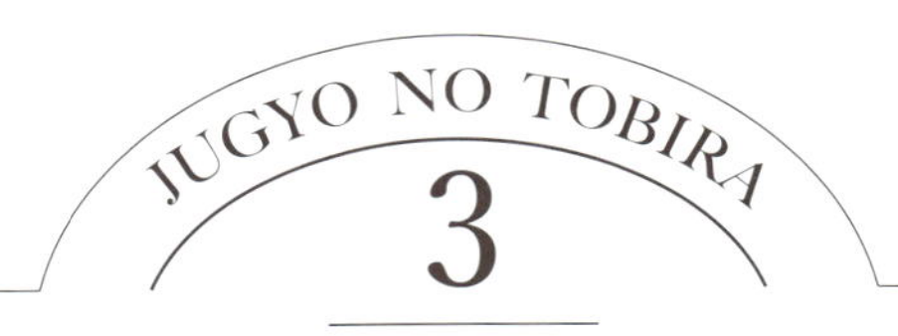

印象派より早く光を意識した画家

小林清親の画業と生涯

「江戸橋夕暮富士」小林清親　大判錦絵　明治 12 年

時間や季節や気候の細やかな移ろいを光と影の機微で捉えたのは文学では古く、万葉集の中にも沢山ある。例えば、

春の園　紅にほふ　桃の花
下照る道に　出で立つ娘子
（万葉集　巻 19　大伴家持）

“にほふ”とは映えるの意。桃の花を透ったピンクに輝く陽光が、乙女たちの顔や着飾った着物を照らし、一層華やかにしている。直射日光ではなく花を通過した光の機微をリアルに捉えている。言葉では細やかに捉え表現された光の機微は絵画では容易に表現されなかった。平安の頃には月次絵が自然の移ろいや人々の生活を描いたり、絵巻物の中にも陽光や月の光や雲や霞など自然が描かれたが、概念的で図式的な表現で、遠く文学には及ばなかった。

日本人が光を意識的に絵画表現できるようになったのは、明治後期になって印象派を学んでからとされている。実際には幕末の浮世絵師国芳も光を意識的に表現しているし、明治初期、「光線画」と銘打って売り出した小林清親は版画という制約を乗りこえて光を表現した。光の表現が「近代」と「近世」の区分の基準であるとするなら、清親らは近代絵画の祖ともいうべきではないか。

私事で恐縮だが、去る四月春の宵、酒肴を持って夜桜見物に近くの公園に行った。黄昏が花曇りの暗い空に変わると、水面に対岸の茶店の明かりが静かにゆれて映り、右手の野外音楽堂で開いている春闘の集会の光が桜の花と群衆の旗を浮きたたせ、桜樹のシルエットを夜空に映している。一人酒を酌み、水面をながめ、桜を愛でていると清親の描いた世界を思い浮かべ、「ああ清親は日常の風景を描いていたのだ」と至極当然のことを再確認して感動した。空や水、水面にゆれる光、光の中の人々、シルエット、庭や雨の風情、朝や夕の光、清親 の好んで用いたモチーフであるが、清親はそこに文明開化でもたらされた新しい点景（建築、橋、鉄道、ガス灯、蒸汽船、人力車など）を描いた。他の絵師が新しい風物、汽車やレンガ館そのものを描いたのと違い、人々の生活の中の点景として描いていた。夜桜を映す池畔の杜の向こうに見えるネオンを現代の点景とすれば、まさに清親の世界と全く同じ情景であった。

最近、カリフォルニア州のサンタバーバラの美術館に清親の作品多数が寄贈されたという。贈り主は敗戦

「銀座商店夜景」井上安治　大判錦絵　明治 15 年　（下）小林清親「風刺画」

直後の日本で1枚1ドルほどで清親の作品を買い集めて持ち帰った元軍属だという。今日では1枚（作品により価格差は激しいが）平均 30 万円というから実に千倍になっている。市場価格が芸術的価値と同一ではないが、近年、清親の研究が進み評価が高まり、値も上がっている。同じことは国芳にもいえ、"異端の画家"と不当に評価されていたものを飯沢匡氏が多面的な評価を与えて今日の評価を得た。

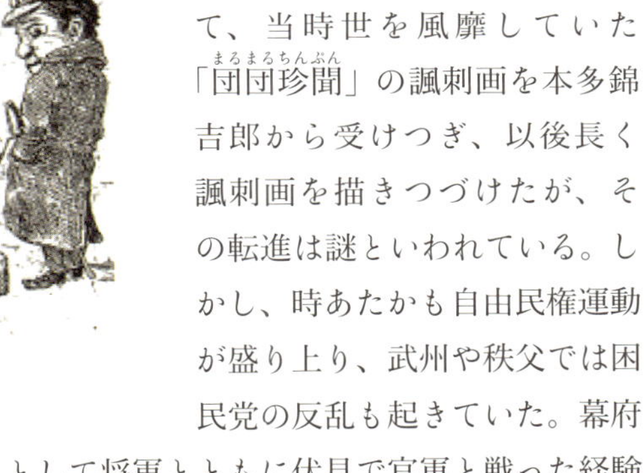

清親の代表作「東京名所図」のシリーズは明治９年から 14 年にかけ 93 枚出された。そのスケッチ（15 枚）が昭和 35 年に発見され、版画と対照されるが、スケッチ（水彩）もワーグマンに学んだとされる的確な描写力を示している。版の技法もそれまでの錦絵とは異なり、輪郭（墨線）を描かず、色を重ね、色の強弱で空間や光を表現しており近代創作版画の先駆である。山本鼎らの創作版画は明治末期であった。シリーズの筆を置く直前の作「両国大火」は夜空をこがす火炎に照らされる家々の陰影が明確である。三大火炎描写の傑作という「伴大納言絵詞」の場合は火炎そのものの描写にとどまっている。我家の罹災もかえりみず火事場の写生に狂奔して、それがもとで女房に離縁されたというだけあってリアリティーがある。

清親の評価は上記の東京名所シリーズにしぼられているが、しばらく後に「武蔵百景」などを出しており、それらの再検討も必要であろう。

ところで清親は好評だった東京名所図の筆を置いて、当時世を風靡していた「団団珍聞（まるまるちんぶん）」の諷刺画を本多錦吉郎から受けつぎ、以後長く諷刺画を描きつづけたが、その転進は謎といわれている。しかし、時あたかも自由民権運動が盛り上り、武州や秩父では困民党の反乱も起きていた。幕府の下級役人として将軍とともに伏見で官軍と戦った経験のある清親が、新興支配者たちを批判的に見ていたのは当然であろう。また、弟子井上安治は、清親が川堤で写生しているのを見て入門を請うたというように、師の写実精神を学び作品を世に出すようになった。自分の作風を伝えたのを見届けたことも一因かもしれない。安治は夭折して作風を長く伝えることができなかったことは惜しまれる。

清親は明治後半には日清日露の戦争画を描く。神話的、徳目的題材に流れてゆく。大正の晩年には七福神や鍾馗（しょうき）の図を描く。一人の画家の変転はまた興味深い。

佐藤哲三と児童画美術館

美術館の建築ラッシュのなかで

土門拳記念館（谷口吉生設計）

おそらく、"美術館" と名づけて子どもの絵を展示したのは「佐藤哲三児童画美術館」が最も古いものだろう。 佐藤哲三は新潟県新発田に生まれ、ほとんど独学で絵を学び、北蒲原の大地とそこに生きる人々を描き、秀作を残して夭折した画家である。

佐藤は昭和15年に北蒲原郡加治村に移り住み、農村の子どもを集めて児童画の指導を始めた。ワラ半紙にクレヨン、鉛筆で身のまわりの農具や野菜、小動物や人物、農作業や遊びなど生活に密着した題材を生き生きと描かせた。その詳しい紹介は別の機会にゆずるとして、侵略戦争が敗色濃くなり、ワラ半紙の入手も困難になった昭和18年までの3年余に3,000点の作品を残した。佐藤はその作品を母と営んでいた新発田市内の十万堂という玩具店の2階に陳列した。その入口に、

児童美術館誕生
全日本ニイマダココロミラレナカッタ児童美術館ガ或ル方法ニヨッテ生レタ。ゴ協力クダサイ。明日ヘノ少年少女、美シキ精神ノ生長ノ味方トナッテ
ゴランニナッタ方ヘ
10銭以上50銭マデ、適当ニゴ支援下サイ。コレハ皆サンガ見ラレタ責任チ心ニ感ズル如ク、アノ農村ノ児童ヤ、總テノ児童画ノタメ費サレルモノデス、コノ美術館ハ多クノ困難ト不便ニトリカコマレテイマスガ、ソレハ何時カ、コノ精神チ諸君ノ如ク認メ、国家的ニ支持サレル時ニ解決サレルモノト信ジマス
1943. 8. 16

とクレヨンで書いた。

児童画も個々の人格の表現であり、正当に評価し展示されるべきだと考えた佐藤の児童観と、「児童画美術館」は本来国や公的機関で設置されるべきであるという提言は、軍国主義の教育観や美術観への痛烈な批判となっている。その作品は今も小さな田舎の温泉宿に預けられ、展示される日を待っている。

ところで、この数年、美術舘、博物館の設立ラッシュはすさまじい。昨年3月末現在、日本博物館協会で把握した数は2,499館。内訳は歴史・郷土館が60%、美術17%、理工自然史系10%、総合4%、その他となっている。毎年80館ほど新設されるので21世紀には4,500館になると推定される。美術館、博物館の建物は近代建築の粋

を集めたものや建築仲間に話題になるものも少なくない。酒田市の「土門拳記念館」(谷口吉生設計)が吉田五十八賞を受けたり、伊豆松崎町の「伊豆の長八美術館」(石山修武設計)がポストモダンの作風として引き合いに出されたり、近く開館する「横浜市美術館」は丹下建三の設計でそのデザインの賛否で話題になっている。↗

さて、そのハコの中身となると何ともお寒い。

近々開館する横浜の美術館は2万平米のフロアを有し、すでに30億円ほど作品を買い集め、開館までさらに40億円くらいを購入するという。北海道や全国の美術館からスカウトされた学芸員がその作品の購入に画商を駆け回っている。ハコは入れるものがあって作られ↙

伊豆の長八美術館(石山修武設計)

るものだが、ハコを作って入れるものを探している。

「山梨県立美術館」のミレーの“種蒔く人”の目玉主義や、安田火災の美術館が58億円でゴッホの“ひまわり”を購入してひんしゅくを買ったのと同じ轍を踏まねば幸いだ。もとより行政者に美術や文化のポリシーがあってハコを作るより、地域活性化事業の補助金目当てや行政の実績づくりの場合が多く、ハコの運営はごく少ない学芸員の努力に委ねられる。横浜のような“大型店”は新聞社の企画による持込展でお客の大動員をねらうのが常だ。近くの鎌倉市には、近代美術館の草わけで

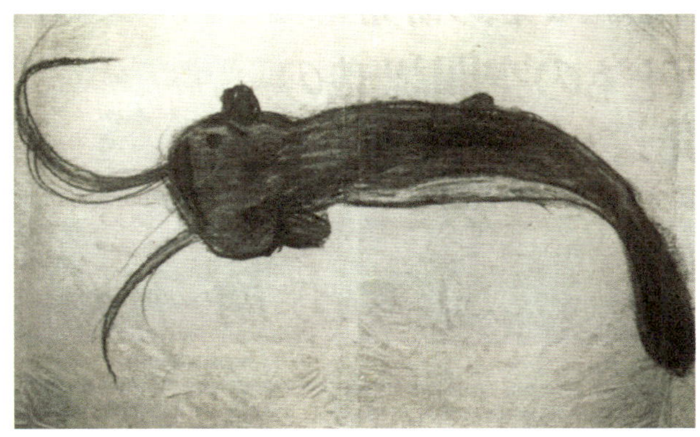

「なまず」佐藤哲三の指導した児童作品

あり、高いレベルと豊かな内容の企画展で全国の美術館の指導的役割を果している「神奈川県立近代美術館」がある。その対比がみものである。

本来、美術館は学芸員によって運営される。学芸員は専門職であり、研究職である。大学において単位を取得した有資格者集団である。欧米では学芸員は大学のプロフェッサーと同じ社会的地位にある。しかるに日本の現実は事務職であり“雑芸員”であり、開館要員としか理解していない行政者が多いと聞く。

そんな中で「展覧会はそれ自体論文であり批評である」(東京板橋区立美術館学芸員・尾崎真人氏)と意識的な若い学芸員の発言や組織的な活動が成果をあげつつある。小さな館では作品の借用もカタログの印刷もままならないので複数の館の共同計画で成果をあげている。「萬鉄五郎展」を神奈川、三重、宮城の三館共同企画で成功させたのが良い例だ。板橋の「東京モンパルナスとシュールリアリズム展」は、地域の美術に光を当てて感動的だった。

美術館の裏口から入って学芸員と話しをしてみると、美術館がもっと面白くなる。

道具と職人が消えそうだ

技術と道具のカタチのあいだ

近ごろ、都会はもとよりその地方でもめったに見られなくなった職人の技をデパートの「観光と物産展」などで見かける。漆塗り、轆轤(ろくろ)引き、機織り、竹細工、あけび細工、櫛削り、桶作り、杓子作り、研ぎ、傘張り、指物、染色、等々。

プラスチックの量産品から手仕事による自然素材の良品へと関心が高まっているのと、都市環境の悪化と人間関係の渇きが生み出した“ふる里志向”が混じりあって、物産展と職人の実演が流行るのか。

雑踏の中で職人の手仕事を飽かず眺めながら、もの作りの基本がそこにあり、手仕事のあり方を考えさせられた。

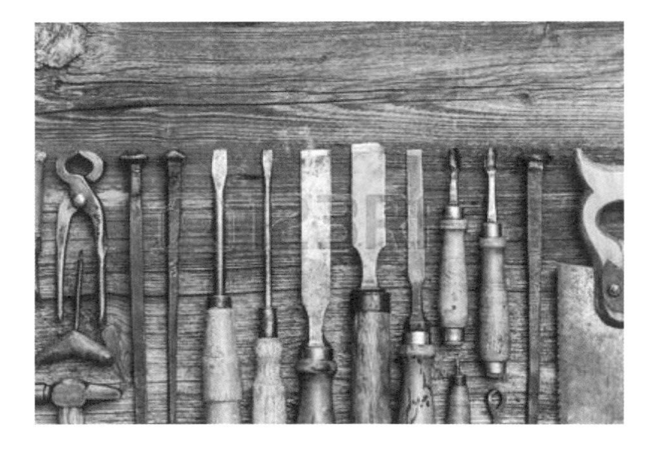

作業は姿勢から

日本のもの作りは正座か胡座をかいて行なう。伝統産業を学ぼうとするならまず正座することから始めねばならない。竹細工も彫師も研師も扇屋も陶工も提灯屋も日本画家もみんな座業である。歌舞伎座の大看板絵を描く鳥居清光は、今もイーゼルは使わない。

西欧や中国は椅子に座るか立って作業する。ヴァイオリン職人も馬具職人も鍛冶屋も刺繍職人も鎊職人も画家も。西欧の糸巻きや座繰りにはペダルがついており足で廻す。作業の姿勢が道具の形をきめている。

日本的動作—引く

鉋や鋸や銑(せん)など多くの道具を日本は引いて使い、西欧は押して使うのは周知のこと。その理由が座業の姿勢に因ると考えてよいだろう。中国朝鮮から鉋が伝えられた時は横棒がついた、押す型のものだった。日本人は横棒を取りはらい、引いて使うように作り変えた（現代韓国の鉋は日本の占領同化政策の結果か、引く鉋になっている）。鉋の伝来までは鐁(やりがんな)を使って材を平滑にしていた。「春日権現験縁起絵詞」の建築作業の場には胡座をかいて鐁を使っている大工が描かれている。胡座をかいて後退りをしながら削っていたのだろう。

「お六櫛」は鮫皮のヤスリで突いて細い櫛目を作る。突く、前に押し出す動作はめずらしい。伊勢型紙の彫師や木彫師に通じるのだろうか。

日本式万力—くさび

日本の作業は材を台に置き、手で押さえて切ったり削ったり編んだりする。時には足で押さえる。稀に台の一部に当てや溝があって材を押さえる装置がついている。つげ櫛職人の台には当てがあり、鮫皮のヤスリを突いて削る時の止めの役をしている。杓子作りの台には大きな溝があり、大雑把に木取りした材を入れ、木の楔を打って固定する。材を固定してノミや先の曲

がった独特の鉇で掘る。

材を固定するのに日本は楔を使った。西欧では万力で挟む。西欧ではギリシャ時代、すでにオリーブを絞る道具にネジが使われていた。ネジの利用が万力や多様な機具を発達させた。日本には種子島の鉄砲でネジが伝来したが一般には利用されなかった。万力が利用されなかったのは座業の姿勢がそれを受け入れなかったのか、楔が着脱が簡便で、万力に優るとも劣らぬ役をしたからだろうか。もし、万力やネジが利用されていたら、日本の道具や作業の姿勢も変わっていただろう。

前掛けとエプロンは作業台

職人の前掛けは作業台でもある。竹細工職人は膝の前掛けの上で竹に鉈を当てて身を削ぐ。あけび職人も膝の上で仕事をする。前掛けは衣服の汚れを防ぎ、危険から身を守るが、時には物を摑んだり、当てに使ったりする。西欧のエプロンは胸まである。時には胸で材を受け止めたり、挟んで作業をすることもある。西欧は胸が作業台の一部になる。

道具作りは仕事のうち

金槌の柄は自分の手に合うよう削って使った。鉋の台は昔は自分で掘って作ったそうだ。 杓子職人が使っていた先の曲がった独特の鉇や反った台鉋という台の丸い鉋も、銑という左右に取手の付いた道具も「自分で鍛冶屋もやるよ、道具は自分で作るものさ」だった。竹細工を編むおばあさんが五寸釘を叩いて目通しを作り、陶工が梱包用の金帯を利用して高台削りの道具を作ったり、仕事や材に合わせて道具を作る。道具作りや道具の手入は仕事のうち。

日本は世界一の道具国

日本には20万余の樹種のうち3千余が自生し、材木となる主要なもの3百余、材として活用できるものは千種をこえる。文字通り世界随一の多樹種生産国。その樹種に合わせて道具が作られた。針葉樹、広葉樹様々な樹種を扱う指物師や建具屋は材に合わせた刃角の鉋を揃えていた。所変れば樹種、材も変わる。当然道具も変わる。

真竹、孟宗竹と根曲り竹では鉈の形や機能も異なる。同じ根曲り竹細工でも戸隠（長野）と元禄期に戸隠から移住した北志賀の村では鉈の柄や使い方が異なる。300年の歴史が道具の使い方を変えた。

日本は世界有数の自然素材に恵まれた国、世界有数の道具国。この恵まれた伝統を守り発展させることの大切さを、職人の実演を見ながら考えた。

JUGYO NO TOBIRA

6

油絵を初めて描いた日本人

消えた南蛮美術

幕末から明治にかけて洋画を学び、近代日本絵画の基礎を築いたのは五姓田義松、高橋由一らであったことは周知の通り。五姓田と高橋は慶応2年（1866年）に前後して「イラストレーテッド・ロンドン・ニューズ」の特派員として来日していたワーグマンの門をたたき指導を受けた。6月号の小林清親も明治7年に教えを受けている。高橋は更に明治9年、工部美術学校の創設で招聘されたフォンタネージに本格的に油絵を学んだ。フォンタネージは、石膏像や洋画材料を沢山持って来て授業に役立てたり、デッサンや遠近法などの実技と西洋の科学的自然観を系統的に教えた。日本の近代絵画の出発は、これら外国人から直接教授されたが、積極的能動的な学習が短時日で西洋アカデミズムを修得した。

「洋人奏楽図屏風」（部分）

しかし、それより100年も前、杉田玄白は蘭学書の合理的な写実表現に「…その諸図を見るに、和漢の書とはその趣き大いに異にして、図の精妙なるを見ても心地開くべき趣きもあり。」と感動している。蘭書の精妙な図版に最初に接したのは蘭学者であろうが、その“仲介”を得て洋画の修得に努力した人々が沢山いた。平賀源内に触発されて「秋田蘭画」も生まれた。

そのエピソードに、源内が秋田佐竹藩の銅山開発に江戸から招かれ、藩士小田野直武に「試みに真上より見た鏡餅の図を描かしめた。直武は漸くにして之を描いたが源内はこれを一見して、これでは盆であるか輪であるか判らないと難じ、初めて洋画の陰影法を教えた。」とある。直武は上京して更に洋画の修得に努め、『解体新書』の挿図も担当した。藩主佐竹曙山らが直武から洋画を学び、「秋田蘭画」の一派を形成した。しかし直武と曙山が早逝したこともあり、「秋田蘭画」は広く影響を残すことなく終わった。直武らは絹本油彩ながら油絵を描いた最初の日本人ということになる。

しかし、日本人が最初に油絵に接したのは、1549年にザビエルらが布教のために持ち込んだ聖画や世俗画であった。彼らは修道士を養成し、儀式に必要な祭壇画（油彩）や弘布用の版画（エッチング）などを制作するためのセミナリヨ（修学院）を創設した。この工房では、日本人画工たちも銅版画を印刷し、祭壇画を描いた（菅野陽著『江戸の銅版画』等に詳しい）。

先般「南蛮美術展」（板橋区立美術館）でこの期に描かれた「洋人奏楽図屏風」や聖龕など多数見ることができた。

聖龕はキリスト教祭具の一つで、観音開きの扉の中にキリスト像、聖母子像などの油彩画を納めた、“神棚”である。当時、花鳥獣文様を螺鈿と蒔絵で飾った豪華な聖龕が京都などで作られ多く輸出された。中の聖画

「花鳥蒔絵螺鈿聖龕（せいがん）」

はイタリアまたはスペイン系の画家の手になると言われるが、技量の高い作品もある。いずれにしても、来日した画家や日本人画工によって多くの油彩や洋風画が描かれた。言うまでもなく遠近法や陰影法が駆使されていた。

よって日本人が最初に油絵を描いたのはこの時期であり、ヨーロッパではレンブラントやベラスケス、カラバッジオらの活躍していたバロック期、絶対王制の成立期であった。

ところが、このように早くから遠近法や陰影法を用いた絵画を経験しながら、その技法や思想を既存の絵画に残すことなく消えてしまい、明治まで300年、秋田蘭画まで200年もの空白を生みだしたのは何故だろう。ザビエルが来日（1549年）してから家康が禁 教令（1613年）と鎖国令（1633年）を出すまでの60～80年余りの時間を短いとみるか長いとみるか断じがたいが、キリスト教の弘布と共に多くの作品が多くの人々の目にふれていたことを考えると、“残像”の少なさが不思議でならない。

理由の一つに、西洋ルネッサンスによって生まれた自我の確立（自分の視点から物をみる）や合理主義的な科学や技術が伝えられなかったこと。陰影法や遠近法による空間表現はあくまでも宗教の内にあり、原画の模写に終始したため、手本を離れて自己の表現に応用するまでにはならなかったのだろう。

日本で遠近法が使われたのは、庶民相手の浮世絵の中で「浮絵根元」と記した奥村政信らの作品（1740年代）からであった。その頃になり、ようやく現実への関心と自分の視点から物事を見る目が生まれたこと、しかも庶民の中に現実を遠近空間の中で享受する土壌ができたことを示している。「浮絵」が現実遠近空間の中で見る目を育てた、と同時に庶民の中にそれを受け入れる土壌が醸されていたからこそ「浮絵」が流行ったのだ。その関係は前号の「道具と姿勢」の関係と似ている。

「南蛮絵」は、明治初期と同じように直接外国人に指導され、多くの作品を作りながら何も残さなかったのは、自ら求めたのと受動的だった姿勢の違いも大きい。

国芳―変転したその評価

「異端の絵師」から「偉大な画家」へ

歌川国芳「源頼光公館土蜘作妖怪図」

"六大浮世絵師"に入らなかった国芳

歌川国芳といえば「役者絵の豊国」「風景画の広重」とともに「武者絵の国芳」といわれ、当時の人々に愛好されていた。国芳は多才な人で、洋画で学んだ光の陰影や遠近法を駆使した名所ものや、役者絵にも優れた作品を沢山残している。更に国芳の画域の広さは北斎に劣らず、戯画、童画、動物の擬人画など多岐にわたる。武者絵の国芳といわれたのは、大胆で勇壮な構図と迫真の人物表現にあるが、刺青（現代の刺青師はほとんど国芳を手本にしているという）や衣装の多彩さも見る者を飽きさせない。国芳の「川中島合戦之図」や「大江山酒呑童子」など三枚続きは、三枚で一つの構図をなしており、近代的な低い視点と、洋風の遠近法と相俟って迫力を増している。当時の三枚続きは一枚でも見れたから、国芳のは発想から他と異なり、時代の先を行っていた。国芳には多くの門人弟子（73名）がいたが、その中から明治新聞界で活躍した月岡芳年、その弟子水野年方、またその弟子鏑木清方、その弟子伊東深水、その弟子岩田専太郎と、現代にまで連綿とその画風を伝えてきたのは、国芳の画風の近代性と内容の多様性によるのだろう。

そんな国芳も二十年位前までは"異端の画 家"とか"奇想の画家"などと位置づけられ、一般には頽廃的作風として「西洋画の影響を受けた風景画に見るべきものが若干ある」程度にしか評価されていなかった。そのため神田の古書店でも安く手に入れることができたものだ。

その国芳に光を当てたのは飯沢匡氏の「天保の戯れ絵」(1971年、前進座上演）の戯曲であった。飯沢匡氏は円空にも光を当て、今日の円空ブームと円空研究に大きな役割りも果たしている。1972年に「鉄火の浮世絵師、国芳展」が開かれ、その図録に書いた飯沢氏の国芳評は、国芳の見直しと国芳評価の新しい視点を示した。当時は"六大浮世絵師"という評価があり、鈴木春信、鳥居清長、喜多川歌麿呂、東州斎写楽、葛飾北斎、歌川広重が不動の存在であったが、今日あまり六大絵師という評価を聞かなくなったのは、国芳や豊国ら幕末の絵師の研究が進んだからか。

「猫飼好五十三疋」(部分)

国芳の戯画

国芳の評価は高まる一方だが、先月東京原宿の太田記念美術館で「歌川国芳戯画展」が開かれた。国芳の戯画は、武者絵とともに国芳の真骨頂を示すものだが、並べられた戯画を見て改めて国芳の多才さと反骨精神の図太さに感じ入った。

そもそも戯画とはたわむれに描いた画(『辞林』)であるが、国芳はたわむれを装い、そこに痛烈な諷刺を織り込んでいる。国芳の作にも純粋にたわむれ、遊び心で描いた作品も少なくない。例えば、猫好きで有名な彼が猫の姿態で描いた「猫の当字」や、“狸の金玉千畳敷”の誰かをもじって描いた狸絵はユーモアあふれる遊び絵である。しかし、「鳥獣戯画」が宗教界と僧を揶揄しているの否との論争があるように、現代では意味不明だが諷刺的要素を持つものを挙げれば、国芳の諷刺的戯画は相当なものになる。特に国芳の生きた幕末は、検閲と文化統制の厳しい時代であったし、何度も発禁にあいながら、禁令の網をくぐりながらの制作であったから、表向きは教訓を目的にしたものや故事伝説に題をとったものとなっているが、武者絵も含めて痛烈な諷刺を含んでいるものが多い。

天保の改革という暴政で吉原を描いてはいけないといえば、擬人化した雀でその賑わいを描いたり(「里雀ねぐらの仮宿」)、富くじ禁止、初もの禁止、講の禁止、べっ甲など奢侈品の禁止などあれもこれもだめで、夜鷹(最下級娼婦)の取締りや稽古所の女師匠の取締りばかり強化する為政者に対する庶民の憤懣を、妖怪図にしてぶっつけた(「源頼光公館土蜘作妖怪図」)、理由を問わず町人を切りすててよい武士の時代に、あえて暴政批判をする国芳の江戸っ子的反骨精神と勇気に感服させられる。

現代と国芳

「国家機密法」が国会に出されようとしたり、文化の状況もどこか天保の時代に似ている現代ではある。中学生の大半が漫画に趣味を持ち、会社案内まで漫画で描かれる時代だが、国芳ほどサビの利いた諷刺漫画も、国芳ほど表現豊かな描写も、国芳ほど優しい童画や動物の擬人画も見当たらないのは残念である。飯沢氏が国芳の再評価に成功?したのも、天保と幕末の時代背景の中に国芳を置き、庶民の生活や要求と結びつけ、現代の目で見つめたからに他ならない。“頽廃的”、と片づけられたものが、庶民の目で庶民の現代感覚とダブらせたとき、迫力のあるリアリスティックな作品として甦った。

「里雀ねぐらの仮宿」(部分)

庶民的反骨精神で現代を見つめ時代の革新をもたらす現代の国芳はいつ現われるのか。

板と紙から始まった版画

浮世絵版画に学ぶこと

ボストン美術館所蔵の版木

北斎の裏から写楽

「大童

発見された写楽の版木

「北斎の裏から写楽」という大見出しの記事が載ったのは8月12日の朝日新聞であった。米国ボストン美術館蔵の北斎の狂歌絵本（「東遊（あずまあそび）」「墨田川両岸一覧」「東都名所一覧」の三種）を刷った517枚のうち、「東遊」の刻まれた版木の4枚の裏に、写楽の「大童山土俵入り」10色版が見つかった。北斎の「東遊」が出版されたのは写楽の「大童山」より8年後（1802年）だから、正確に言えば写楽の版木の裏に北斎を彫ったことになる。今度の発見で浮世絵版画の裏側に光が当てられ興味深い。

版木を作品とみたビゲロー

ボストン美術館の蒐集品はビゲローが明治初期に持ち帰ったものだが、面白いことに、ビゲローは版木を作品として評価していたのに対し、版元は単なる“道具”と考えていたことだ。発見された木は相当に薄くなっていたことから何度も使われた板であり、写楽、北斎の前にも使われ削られたかもしれない。狂歌絵本は注文によって作られ好事家に配られたが、好評だと一般にも売りに出され、前記の作品は千部から三千部くらい刷られたのではないかという。しかも版は名古屋に売られ、更に大阪に売られ、大阪にあったものをビゲローが二足三文で買ったらしい。大阪の版元は、新しい版を彫れないほど薄くなった板だからまとめて土蔵に放りこんでおいたのだろう。だから一枚も欠けずに全部が残ったのだ。江戸時代の版木は明治、大正と残っていたものもあったが、関東大震災でほとんど焼失してしまったと刷師の職人に聞いたことがある。更に戦災で完全に焼失し、日本には一枚も残っていないそうだ。まして揃いで残っていることは奇跡だという。発見者のアダチ版画研究所の安達以乍牟氏は再度調査に渡米する。新しい発見が期待される。

「版」を支えた板と紙

日本の木版画は、仏画の印刷から始まって古い歴史を有し、12世紀には風俗を写した扇面も残っている。世界に類をみない多色刷り木版として「錦絵」を完成させたのは鈴木春信（～1770年）であるが、それよりも前に

英泉「江都隅田川雪之遠景」（刷り見本）

「見当」が発明され二色刷りの「紅刷絵」が発行されていたから、春信が多色刷り版画の発明者というわけではない。しかし、彫刀やバレンは春信のころ（1765 年頃）に今日のものが完成したという。

版木は菱川師宣（～ 1694 年）の時代から山桜を使っていたらしい。桜材は堅く密度が高いので、刷圧に強く、「毛わり」など細かい表現を可能にした。今日使われている朴は 200 枚も刷れば角が落ちてしまう。学校で使う科のベニヤは柔らかく廉価が取柄。戦前、戦後、生活綴方を指導した教師たちは下駄屋で高下駄の朴の歯を買って与えたという。 桜材は当時も高価だったので削って再利用したのだろう。

言うまでもなく版木の表面は平滑でなければ刷りむらができてしまう。堅木で大判の桜材を平滑にするのは容易なことではない。師宣の時代から桜材が使われたのは台鉋の発達があったからに他ならない。室町末期ごろ朝鮮から伝えられた台鉋は横棒がついた突鉋であったが、日本人は横棒を取りはらい引いて使うようにした。江戸の町は急激な膨張と再三の火災で木材需要を増大させ、建具や家具の使用も広がり鋸や鉋の発達を促した。当時の鉋は一枚刃で逆目を立てないように削るのに、樹種ごとに刃の角度の違う鉋を用意しなければならなかった。

刷圧に強い桜材もさることながら、何色もの刷りに耐える強靱さと手刷りの圧に適した薄さを兼ね備えた和紙のあったことも見逃してはならない。和紙は楮や雁皮など上質の植物繊維をとろろあおいを乳状原料にして漉きあげる。耐水、耐酸性にも優れている。ヨーロッパに製紙技法が伝えられたのは遅く、14 世紀に入ってからで、木版画の始まりもそれからであり、次いで 15 世紀にエッチングが発明されたのも紙があったればこそ。紙と版がルネッサンスを支えたことは書くまでもない。

版画ブームと浮世絵

浮世絵版画は絵師、彫師、刷師の三位一体の成果であることはよく言われる通りだ。浮世絵がヨーロッパに大量に流入し、私たちの想像以上の影響を与えていたことが近年一層明確にされている。ある日本人美術商が明治 34 年までの 11 年間にフランスで売った量は 15 万 6487 枚だったということからも推察される。しかし、その輝かしい浮世絵版画の伝統から、近代日本の洋画家や版画家は学ぶことはほとんどなかった。洋行帰りの山本鼎が雑誌『明星』に「漁夫」を載せ（明治 37 年）、同人誌「方寸」（明治 40 年）を出し創作版画の幕をあけ、昭和初期（1930 年代）版画の胎動をみるが、まだ“半画”としか位置づけられなかった。 近年の版画ブームの中で浮世絵版画から学ぶことが大いにあるのではなかろうか。

材が文化を育て、文化が材を選ぶ

今でも日本は木の輸出国だ

変わる山の景色

秋の美しい山の景色は多くの画家のモチーフになってきた。錦織りなす紅葉を見ると八甲田山中で胸ときめかして油彩を描いたことを思い出す。しかし最近では本当に錦織りなす紅葉を見られる所が少なくなった。里から見える山は成長の早い建材パルプ用の杉や松の針葉樹が植えられ、例外的に落葉する唐松だけが赤茶色に山を彩っている。

世界最大のブナ原生林として、日本に残る数少ない自然林として注目されている白神山地（青森・秋田県境）にもスーパー林道が入ろうとしている。知床の国有林伐採といい、日本から自然林が消えようとしている。今の東京からは想像もできないが、武蔵野の千年前は樫、椎、シデなど広葉樹を交えた針葉樹の森林だった。そこに朝鮮から多数の渡来人が来て焼き畑をしながら定住していった。深大寺の飛鳥仏もその証だし、彼らの鎮守社（調布佐須の虎狛神社）などに古い植生が残っている。私の住む三鷹市大沢にはつい終戦後まで樵と木挽職がいて山仕事があった。

木の実には日陰でないと発芽しない樫や椎や橅のような木と、日向で発芽する櫟や松や杉がある。木を切ったり焼畑にして森林を明るくすると樫や椎や橅の林はススキの原から櫟や松の林に変わる。国木田独歩の書いた武蔵野の雑木林はそれであり、冬の夕日に映えて所々に今も残っている。

日本文化を支えた檜と杉

法隆寺の主要な柱は樹令二千年以上、直径 2.5m 以上の巨木を斧や楔で四つに割り釿と鐁で仕上げてある。奈良やその近くにそんな大木が沢山あったのだ。「あをによし」と歌われた「あを」は赤松であり、すでに自然の植生を壊した二次林である。

法隆寺の檜は建立後千三百年余を経て今が最も丈夫な状態だという。創建当初から使われていた杉板（屋根の下地板）も、鎌倉、江戸期の修理で使われた欅や松、杉材は、形はあっても触わるとボロボロと崩れたという（西岡常一の文による）。木の寿命は伐採後の樹脂の質と変化による。檜は伐採後二百年位まで強度は増大し千余年を経て新材と同じ強さに戻るという。杉は七百年、欅や松は四百年位という。空気にさらされ土中で水分に浸されても檜の樹脂は強度を守る。日本人が古代から檜を建築材として重用してきたのはその耐久性と針葉樹特有の柾が通って割り易かったことと、木肌の美しさが広葉樹のように劣えないことによ

春日権現験記絵（部分）

る。檜やそれに代わる杉の利用は、日本に独特の白木の文化を育んできた。

西洋人は広葉樹がお好き

ところで日本が材木の輸出国だと知る人は少ない。1961年は広葉樹1.7万㎥、針葉樹0.1万㎥の製材と18万㎡の合板（ラワン合板507万㎡を除く）を輸出している。1959年に日本の山で伐った広葉樹は1,209万㎥、針葉樹2,047万㎥。60年の総輸入量が3,408万㎥、世界の森林を伐り尽すと非難されている総量からすればごくわずかだが、輸出材がヨーロッパ向の水楢（みずなら）や栓であることに注目したい。

日本人は江戸期になって広葉樹を家具、建築材に使い始めたが、主体はやはり針葉樹だった。それに比べ西欧の人たちは広葉樹を愛好してきた（もちろん樅（もみ）や松類、栂（つが）など針葉樹も利用しているが）。彼らはオーク（楢）、ウォールナット（胡桃）、マホガニー、サテンウッドなどを良材として使う。イギリスの言葉に「獣の王者はライオンで、木の王者にオーク」というのがあるそうだ。マホガニーもサテンウッドも16世紀以降の植民地拡大とともに西インド諸島からもたらされた。チークはビルマ、タイ、インドから運ばれた。いずれの広葉樹も比重が重く、濃い色をしたものが多い。その中で日本産の水楢はホワイトオークの名で高級家具内装材として評価が高い。水楢は北海道の深山の天然産を最良とする。

用材による文化の変容

西欧では木材の着色や仕上げ塗料が早くから使われた。オークやウォールナットに油やアンモニアを塗って暗色、濃色にしたり、ニスで光沢を出した。良材を薄くスライスした「つき板」（化粧板）を張る技術もエジプト時代から始まっている。表面を処理するのは反りや収縮を防ぎ傷や汚れから護るためにあるが、やはり見た美しさを増すことが主眼である。重厚で堅牢な家具類を先祖代々使い込む嗜好と、上記の広葉樹材が相乗効果をもたらしている。

朝鮮半島には松類が多く良材が少ない。螺鈿を中心とした漆の技術が発達し、家具類に多用されたのも材との関係だろう。用材により文化が育ち、育った美意識により材を選ぶ。秋の山から紅葉が消える陰で、日本文化の変化と意識の変質が進んでいる。

JUGYO NO TOBIRA 10

日本的「自然観」の源

水墨画の豊かな自然描写

民族固有の自然観とは

よく、日本人は自然と一体に生活してきたとか、自然と融合して暮らしてきたという。どの民族だって自然の中で生活してきたし、自然と融合して営みを続けてきた。また、日本人は、四季の変化の機微に敏感であるという。四季のあるのは日本だけではないし、四季折々の生活をしている民族は少なくない。だのに、日本は西洋や中国、朝鮮など同じ緯度圏にある国々と比べても独自の自然観を持つという。

もとより、自然観の形成は自然環境だけでなく科学や思想の反映であり、文化の現象である。日本民族固有の自然観があるとすれば、それは日本文化の変遷の現象であり、固定的なものでなく流動的に形成されるものである。だとすれば、"日本民族固有"の自然観はいつごろどのように形成されたのだろうか。

雪舟「天橋立図」

日本の自然を描いた雪舟

過日、上野の東京国立博物館で「日本の水墨画展」をみた。水墨画初期の作から雪舟、狩野派、桃山障壁画、江戸諸派にいたる代表作が一堂に展示された。それらの作品は、「唐絵」として移入された水墨画が在来の絵巻物などの「大和絵」を凌駕して、画題、技法だけでなく、日本絵画の自然表現に絶大な影響を残したことを示していた。

水墨画の請来は禅僧らによって行われたが、もともと水墨画と禅宗の教義とは無関係である。水墨画を禅宗絵画と位置づけたり、禅の境地を描いたものとする論は正確ではない。禅林の隠逸志向と墨一色の枯れた雰囲気をダブらせるのだが、当時の禅寺は派手な原色でエキゾチズムな色塗りの最新流行の異国趣味たっぷりの文化センターであった。水墨画の模写を禅の修業とみる(「芸術新潮」1987年11月号)より舶来文化へのあこがれの表れ(勿論、禅宗的画題もあったが)とみるべきであろう。

禅僧たちは、山水図や書斎図の画幅上に詩賛を添えて楽しむ詩画軸を流行(はや)らせたが、禅林が知識集団として、新しい文化を享受し広める役割りを果たしたといえよう。その中で雪舟は中国請来の作品の模倣から脱し、日本の自然をもとに独自の画風を確立した逸材であった。雪舟も牧谿(もっけい)や夏珪(かけい)らの模倣から始めるが、中

牧谿「瀟湘八景図」

国に渡り中国の自然の中で水墨画が生まれたことを学ぶ。「大唐国裏無国師」（中国に師なし）とは不遜のようだが、雪舟の主体性と自我の確立をそこにみるべきだろう。雪舟は自らの作品に落款（サイン）を入れた最初の人であり、「画家」として人物像が明らかな最初の人でもある。

日本的自然観と瀟湘（しょうしょう）八景

中国の山水画は道教や神仙思想と深い自然への愛着により6世紀ごろに始まる。西洋風景画の確立が19世紀であるのに比べ長い伝統を持ち、豊かな自然を大きな時間と空間で捉えてきた。その典型が「瀟湘八景」で、洞庭湖の南の瀟水と湘水が合流する地域の八つの景勝を描いたもの。山市晴嵐、漁村夕照、遠浦帰帆、瀟湘夜雨、煙寺晩鐘、洞庭秋月、平沙落雁、江天暮雪である。牧谿や玉澗（ぎょくかん）の名品が日本にも伝来しており、雪舟も夏珪の八景図を模倣している。狩野派も盛んに描いた。この瀟湘八景の与えた影響は、単に題材の模倣にとどまらず、日本絵画の主題、日本人の自然観に強く影響を残している。

山市晴嵐－春－朝、瀟湘夜雨－夏－夜、平沙落雁－秋－夕、江天暮雪－冬－夕。季節と時間と場所が巧みに組み合わされ、表現の可能性が広げられている。広重の「東海道五十三次」にも北斎の作品にも援用されている。

もとより日本には平安時代から月次絵（つきなみえ）という季節の情景や年中行事の景物を描いた絵があったという。その伝統的基盤があったことも、季節や時間、場所を主題とする中国山水画が受容できた要因だろう。江戸期にいたり、狩野派から町絵師の浮世絵まであらゆる派の 画家が瀟湘八景的自然描写をそれぞれの画風に同化した。日本人はいつの間にかこれが日本古来の伝来であり、民族固有の自然観だと思い込んでしまった。

西洋画が「雲や光の動きが織りなす空のドラマに深い関心が寄せられているが、日本絵画の伝統の中にはほとんど完全に欠落している」（永井潔氏「美術の教室」第30号　駒草出版）という指摘もあるが、空や雲への関心は万葉集の秀歌にあるように、なかったわけではないし、雪舟の「秋冬山水」の冬の空の例もないわけではない。しかし、瀟湘八景的自然描写が、自然とその中の点景の組み合わせによるところの影響も少なくないだろう。自然観は文化であり形成されたものであることを示している。

「墨に五彩あり」といえどもモノトーンの水墨画に現代っ子はなじみにくいのは、水墨画にふれた機会が少ないからだろう。自然を豊かに表現している水墨画をもっと子どもたちに見せるべきだ。

連続空間と一コマ空間の違い

装本形式が空間認識を変える

「紫式部日記絵巻」鎌倉時代

中国と日本で活用された巻子形式

日本で「源氏物語絵巻」や「鳥獣戯画」が描かれていた同じころ、中国では「清明上河図」（張擇端画）という5メートル余の長巻が描かれた。もとより巻子本形式は中国で早くに発達し、紀元一世紀には画巻を描く画工がいたと記録されている。梁と西魏の抗争のとき（554年）「名画法書典籍24万巻を焼いた」が、その中から書画4千余軸を救い出して持ち帰ったとの記録もある。最も単純で原初的な製本技法の巻子であるが、その内容は経典や故実、道釈人物、風俗、山水、禽獣画と多様だったようである。

奥村政信「両国橋夕涼見絵」

日本ではずっと時代が下がって遣唐使の廃止（894年）後に、いわゆる国風文化の中で巻子本形式を生かした独自の絵巻物を発展させた。絵巻物が日本の独創ではないことは言うまでもないが、中国も日本も時間空間の連続する巻子形式をよく活用した。

「清明上河図」は汴河の最上流の寒村から始まり、小川のほとりを農夫が一輪車を押す風景から、急流の汴河を操船する人夫、船を引く人、橋上で見物する群集、行き交う人々、砂漠を越えてきたラクダも見える汴京城閣内の賑わい等を550人の人物と汴河の流れを軸に描いている。表現は日本の絵巻と同じように視点が高く俯瞰的であるが、日本のそれと異なるのは、「清明上河図」を全部広げて最上流から汴京城閣内まで左から右に首をずうっと回して見ると、一枚の絵のように一つの視点で統一されていることだ。同じ巻子形式ながら日本と中国の自然の描写や空間認識、表現の違いに驚かされる。

中国と日本で巻子形式が重用されたのは紙の発明や発達も一因であろう。日本に伝えられた製紙技術が「和紙」という上質紙を開発し絵巻の発展を支えた。

エジプトにもパピルス画巻があったという。パピルスはパピルスの繊維を十字に並べ、ナイル河の水に浸しながら石で叩いて圧着させて作ったという。ナイル河の水は淀んだ粘着性の水なので可能だったという。日本の山紫水明の水では不可能だという。紙の定義に「漉く」作業を入れれば、パピルスは紙とは言えないが、

張擇端「清明上河図」(部分)

BC2500年第五王朝期作の「書記像」(カッサーフ出土、カイロ美術館、ルーブル美術館の両像とも)は巻紙を膝の上に置いており、多用されていたことを示している。

ヨーロッパで発展した冊子形式

ヨーロッパに製紙技術が伝わったのは13世紀で、14世紀に入り全土に普及していった。ヨーロッパに製紙技術が伝えられるまで、長い間、羊の皮を薄く鞣して“紙”として活用していた。羊の皮を鞣した“紙”は一定の大きさに切り揃えて冊子形式に綴じられた。ヨーロッパの冊子形式や製本技術が進んだのは材の結果でもあろう。

冊子形式は言うまでもなく、一頁一頁を区切る区切られた空間への表現はその頁ごとの視点を固定させた。固定された視点から自然やものを見たことが遠近法の発見を早めたのではないか。もちろん遠近法の発見はルネッサンス期の自我の確立という視る主体の発展があったからだが、区切られた画面空間、冊子形式もその一因となっていたと思えてならない。遠近法はギリシャ演劇の背景にある建物図やポンペイ壁画の点景にある建物図にその先例が見られるそうだが、ひと纏まりの空間表現として完成されたのは15世紀以降であり、製紙技術の普及と冊子本の普及と軌を一にしている。

形式と空間意識は相互に影響し合う

日本で遠近法が使われたのは江戸中期1740年代、庶民相手の浮世絵で奥村政信(～1764年)が「浮絵根元」と記入して使ったのが初めてであった。日本の透視遠近法の始まりが庶民相手の一枚物の摺物であったことも面白い。日本では巻子本と折本(巻子を折り重ねて表裏に表紙を付けたもの)の盛行のあと、江戸期に入り大衆文化が急速に高まり、冊子形式の読本や絵本が大量に流布した。それを支えたのは日本独自の和綴じ装本と木版印刷の技術と製紙産業の普及であった。

その読本の挿画から一枚ものの摺物、浮世絵を完成させたのが菱川師宣であった。冊子にしろ一枚摺りにしろ、区切られた方形の空間の処理の中で視覚の世界が拡がっていった。扇面という変形し制約された空間がかえって新鮮で大胆な表現を可能にした例が多くあるように、区切られた空間によって、かえって空間を意識したといえよう。巻子の連続的空間と異なった、視覚的処理が要求されたことは単純に理解できる。

テレビや劇画は日本文化を変える

巻子本、折本、冊子本と装本の形式は文化の表れであり、文化の内容を規定したり創造したりしてきた。製紙技術や素材に制約されながら、装本によって規定された空間にそれぞれの民族がそれぞれに反応し、それぞれの文化を創りあげてきた。近年日本ではテレビや劇画による映像文化の比重が増えてきている。日本文化の根底をゆすぶっていると思えてならない。

実践的日本美術史

Practical Japanese Art History

実践的日本美術史とは、都立工芸高校で30余年にわたり日本工芸史、デザイン史の授業として、日本の美術品にふれて、生徒が直截に感じたこと、受けとめたことを記録したものです。一部は『日本美術との対話』（現代美術社）として上梓しました。美学者や学芸員、評論家の“解説”に関わらず、まず自分が感じたこと、受けとめたことを大切にし、作品とのやりとり、仲間とのディスカッションを通して対象への理解と感動を深めていきました。

こうした生徒の作品との対話は、美辞麗句の作品解説や権威主義的な解説とは異なり、真実に迫るものが少なくありません。石鏃、土器から、仏像、浮世絵、民具など、これまでの“美術史”とは少し異なることがあるかもしれません。あなたも、まず自分の目でながめ、感じたことを、工芸生の感じたことと対話してみてはいかがですか。

律令国家建設の軒昂たる意気を映す

白鳳彫刻－仏頭

興福寺「仏頭」

青年の像

古い話ですが、大阪で開かれた万国博の日本館に、「仏頭」が陳列されました。ところがそれが模造品だったため外国人のひんしゅくを買ったことがありました。模造品を出したことの良し悪しをここで論じる必要はありませんが、日本を紹介する美術作品の一つに「仏頭」を選んだことに興味をひかれました。日本の美術作品は多種多様です。仏像彫刻もその重要な部分ですが、数ある仏像や仏教美術の中から「仏頭」を選んだのはどんな理由からだったのでしょう。古代仏像彫刻の中でもっともわかりやすく親しみやすいものとの判断があったのでしょうか。

現代の若ものたちに古代仏像彫刻を見せても、なかなかなじみません。「仏像を見てもどうもピンとこない。無理に分かろうとすればするほどその良さがどこにあるのかわからなくなる。私のような宗教の信仰がないものにとってそれはキリスト教の十字架をみて何も感じないのと同じなのだろうか」(N. S男のレポート）とか「修学旅行でお寺めぐりをした時、“いったいこの仏像は何を考えているのかしら”と思ったが好きにはなれなかった」(U. N女のレポート）というものが多い。仏像は仏教という思想を形象化したものであり、仏教にもとづいた世界観や感情をそこに映し出しています。また、その作られた時代の支配者や仏像を享受した人びとの嗜好性を映し出しています。更に、“三十二相”といわれる仏のそなえた相好や、荘厳具や神秘性を増すための諸道具が一層不可解なものとしています。ですから現代に生きる若者の感覚や感情になじみにくいのは当然といえましょう。しかし、「「仏頭」を仏像としてでなく彫刻として見ると、それは非常に興味深いものに感じ」(N. S男のレポート）てくることもできるのです。仏教という思想体系を知らなくとも、否、むしろ仏教や信仰の先入観のない目で仏像を見つめると、かえっていろいろな面が見えてくるのです。

この「仏頭」は焼き打ちにあい首から下もありません。

螺髪（らはつ）も落ちています。座像だったのか立像だったのかも分かりませんし、荘厳具もなく“顔”だけです。そのことがかえって仏教や信仰心と関係なく彫刻として今日の感覚でそれを見ることを容易にしているのです。「仏頭」がもし、分かりやすく親しみやすいとするなら、その理由はそこらにあるといえましょう。

多様なイメージを内包している像

「第一印象として感じたのはやさしい顔をしていると思ったこと。だけど長い間見ていると今度は別の表情の顔に見えてきた。(K. Y 女）

「ひと目見てまず感じたことは、目はきれ長で鼻すじがとおっていて若々しい感じがした。そして見つめているうちに性格や人格みたいなものが浮きあがってきた。(M. N 男）

「これは本当に若々しくまた人間味のある顔をしている、人を近づけないような威厳を感じさせないし、仏頭というけれど一般のその当時の若い人のように思われる。(S. H 女）

「全体的に仏というイメージよりもごく普通の人間という感じがしました。表情はすこやかとかやさしい顔とかより静かな笑いという感じが口もと目もとからします(A. R 男）

このように一般的な印象は「仏頭」の若々しさとやさしさを含んだ人間味のある表情として受けとられています。けれども見る角度から更に多様な印象を生み出します。

「私の席から仏頭の二枚の写真が見える。その一枚は上向きかげんに、もう一枚はちょっと下向きに写っている。同じ像でも見る方向によって、上向きの方は自信のある大きなよろこびを感じさせ、下向きの方は落ち着きを感じさせます。(U. T 女）

「同じものでありながらなんて感じが違うのだろうと驚いた。前回見たものはこの世は極楽であるという顔をしていた。今見ている像はうってかわってきびしい表情をしている。白鳳の時代の人びとは、ある時は仏頭の表情に安らぎを求め、ある時はきびしさを求めたのかもしれない。悲しみをたたえた顔や喜びにあふれた顔に見える角度もあるかもしれない。仏頭は白鳳の人びとの顔を表わしているとするなら様々な表情があって自然だし、そんな仏頭こそ人間的で親しめる仏像ではないだろうか」(O. E 女）

「今私の目の前には同じ仏頭を写した二枚の写真がある。一方はやさしく見え、もう一方はどことなく冷たいのだ。というのは写すときの角度とテクニックの違いだと思う。一方はアゴを上にあげカメラマンが下から見上げるように撮り、一方は同じ高さから撮られたものだ。下から写すと目の線が⌒になり笑っているように見え、同じ高さから写すと―となりつり目に見える。つまり冷たい顔に見えるのだ (K. Y 女）

K. Y 女の指摘するように視点の高さによって像のイメージは大きく変わります。カメラマンがカメラアングルを決めたとき、すでに像についての解釈がなされているのですが、プリントされた写真が多様な表情をしているということはとりもなおさずその像が多様なイメージを内包しているということです。

はにわから仏頭へ

「……ふっくらとふくらんだほお、大きな弧を描いたまゆ、ひとつひとつ実にのびやかできもちがいいし、なんともいえない上品な美しさがある。法隆寺の釈迦三尊像はつめたい感じがして肌にあわないが、それは中国の影響だからだろう。それからみるとこの『仏頭』は日本がだんだんその日本らしさをみせはじめ、成長期にある文化を一身にうけたのだろう。上向きの顔には朝日があたるのが似あうようだ……」(S. H 女）

いずれの時代も中国大陸や朝鮮半島の高い文化の影響を色濃く映しているのですが、白鳳期になりようやく仏教文化を自分たちの頭で咀嚼することができるようになったことをこの仏は示しているのでしょう。

法隆寺「夢違観音像」

「……このように、微妙な顔の表情を作り出せるとは、はにわを作っていた時の人が発展してこんなすばらしい『仏頭』を作ったことはすごいと思う。……はにわを作っていた人とくらべて、この『仏頭』はただ人間の形に似せただけでなく人間の心の内や顔の表情の一番よい部分を作りだしていると思う」(M.N 男)

「ほんの百年二百年前の、はにわにくらべ表現力の大きな進歩におどろかされる。はにわのように目や口をただくりぬいただけでなく、写実的であると同時に美を追求する当時の人びとの心が表されている」(K.H 男)

はにわの最盛期は6世紀から7世紀。この像の作られたのが685年。このわずかな年月の間に日本の祖先のひとびとは思考と表現力を飛躍的にのばしているのです。そのために、この「仏頭」は日本人が造ったのではなく、朝鮮や中国の大陸の人たちが日本に渡って移住してその人たちが造ったのではないかと思う。なぜならば日本人達はこの像が造られるほんの少し前まではにわや土偶などを造っていたのだから(T. T 男)というような疑問を持つ生徒がでるのも不思議ではありません。しかし“帰化人”(帰化人とは皇国史観から生まれた用語でしょうか、いやなことばです。古代の日本は大陸や半島との人的交流は想像以上に活発だったし、何千という人たちが移住してきたのですから。当時のひとびとは“今来の人”と呼んで共存していたのです。)がどんな高度な技術や思想(仏教など)を持っていたとしても、その技術や思想を受け入れる土壌がなければ芽を出すことも広がることもできません。日本人の祖先は古墳文化期を通してすでに高度な技術と思想を受け入れる実力を培っていたのです。時として文化は飛躍的に発展するものですが、この白鳳期こそ文字通り飛躍的に発展した成長期だったのです。 S.H女のいうように「だんだんその日本らしさをみせはじめた」時代だったのです。

ギリシヤ彫刻の影

「この『仏頭』はすこしヨーロッパ的なものを感じます。鼻すじが通って顔などギリシャの青年のような感じがします。このような感じがするのはきっとこの像が初期のものであってギリシャ彫刻の影響をインドが受け、それが中国、朝鮮を経て日本にまで来ていたからだと思います」(C.T 男)

「日本の仏像とヨーロッパの像とくらべると、写実性に少しかけるが、何か自然なおもむきを感じる。(K. H 男)

この像の造られた時代は中国において唐が大陸を支配し統一国家を築いたころです。その初唐のころから盛唐期にかけてあらゆる文化、技術が発展し開発されました。唐という国はよくコスモポリタニズムといわ

深大寺「釈迦如来倚像」東京都調布市

れるように、近隣の異民族の文化ばかりでなく、遠くインド、ヨーロッパの文化を吸収しました。世界への拡張主義は、同時に世界の文化を唐に流入させ、醸成させました。井上靖の『敦煌』の書き出しの部分で長安の町のに賑わいが描かれています。異民族の女奴隷が売られ、異国の音楽が流れ、異国の品物が売られていました。戦いに明けくれ、新しい国家を形成しようとする支配者たちは現実主義者でもありました。また彼らは観念的なものや様式化されたものより写実的で合理的なものを好みました。だからインド（それも遠くギリシャの影響を受けた）から新しく入ってきた彫刻が、写実的で人間的な体軀をした作風を好んだのも当然といえましょう。その前の時代の竜門や大同の石窟にある“北魏様”といわれる彫像（法隆寺の釈迦三尊像などの淵源）の様式化されたぎこちなさや肉付けと大きく変わりました。T男の言うようにヨーロッパの影響も映しているのです。

そのころ日本はどうだったのでしょう。日本の支配者も統一国家形成に向け若い情熱を燃やしていたのです。大化の改新（645年）は血で血を洗うクーデターでしたが、中国の法をまねて律令体制（公地公民）による権力の集中した国を造ろうとする若いエネルギーがあったのです。656年、669年に遣唐使が大陸に向かいました。当時の航海は想像以上に困難だったといわれています。半島からの文化の吸収にあきたらず、直接大陸に乗りこんで新しく高い文化を吸収しようとしたのです。新しい国づくりに燃え権力抗争を続ける彼らの嗜好と、大陸の統一権力をつくった初唐の支配者たちの好んだ写実的で人間的な体軀をした彫像はピタリと一致したのでしょう。

1972年高松塚古墳が発掘され、当時の文化の内容と半島や大陸との関係が一層明らかになり話題となりました。高松塚古墳はすでにはにわで聖地を囲むこともなく、石室を極彩色に描かれた婦人像などで装飾しています。700年ごろつくられています。「仏頭」は元山田寺に685年に開眼したとあります。元山田寺跡と高松塚は2km、藤原宮跡とは1.5kmしか離れていません。「仏頭」は繰り返される皇位争いや、高松塚古墳に描かれた高句麗風のエキゾチックで華やかな衣装を着た婦人たちや、万葉集をいろどる相聞歌にみられるはかなくゆれ動く女たちなど、さまざまな人間模様をみつめていたのです。

同じ時代の作風を伝える奈良薬師寺の「聖観音」と東京調布市深大寺の「釈迦如来倚像」をのせておきます。尚、2018年に国宝に認定されました。

（初出「美術の教室」1980年7月）

確かな自然観照にもとづくリアリティー

光琳の「燕子花図屏風」と「紅白梅図屏風」

日本人の美意識と琳派

一昨年だったか、東京国立博物館の開館百年を記念した企画展で「琳派」展が開かれました。たくさんの鑑賞者にまじって琳派の作品を観ながらその多様性と豊かな内容に感動したことがあります。東京国立博物館が百年を記念した展覧会として琳派をとりあげたのは、それなりに狙いがあ ったと思います。多くの鑑賞者を動員することもできたし、何よりもその鑑賞者から好評だった美術観（絵画観）というか、美意識というか、鑑賞者の嗜好性が、琳派のそれにあると、企画者がふんだことが当たっていたからといえましょう。

数年前の光村図書の小学５年の教科書に、「鑑賞」として光琳の「紅白梅図屏風」が載っていました。その教科書の解説に不満を感じたことを憶えていますが、民族の重要な美術遺産を教材にとり上げたこと自体評価してよいことです。その解説や評価の是非は別として、編集子には、「紅白図屏風」が日本人の標準的な美意識を反映しており、「琳派展」のカタログに「最も日本的」と評しているのと同じ判断があったのでしょう。

オリエントエコー社の吉川さんが、鑑賞教材『日本の美術』を発行するにあたって、日本の美術の歴史を学習しながら、数々の作品に感動しながら、それらを知らなかった不幸と、今日の美術教育のあり方に強い不満をのべていました。その新鮮なことばが示すように、もう一度日本の美術文化の遺産を丁寧に観てみたら、先に記した“日本人の標準的な美術観”さえ極めて曖昧なものだったり、概念的なものであることに気づくのではないでしょうか。

もっともポピュラーな光琳の「かきつばた図屏風」と「紅白梅図屏風」を通して日本人の美術観や美意識をさぐってみたいと思います。

“装飾画”という位置づけについて

琳派とは本阿弥光悦、俵屋宗達、尾形光琳・乾山兄弟、酒井抱一らの作品を総称したことばです。 狩野派などのように師弟の関係で画法や技法が伝えられたのではなく、その画風の特徴からそうよばれているのです。

ここで問題にしたいことは、彼らの画風をして「あくまでも華麗な彩色と大胆な様式化によって生み出された豊かな表現は日本装飾美術の極致を示すもの」（講談社、『日本の名画５　尾形光琳』）と河野元昭氏が言うように“装飾美術”ということです。氏は後の文章で光琳の多様性と鋭く研ぎすまされた視覚、かきつばたの実在感（リアリティー）について述べていますが、一般的に琳派の装飾性のみを強調したり、その面ばかり高く評価するむきが少なくありません。先に記した琳派展の好評にみられる日本人の嗜好性を、その華麗さとか、“様式化された美しさ”に対するものと位置づける傾向があるのは見過ごせないことで す。もとより絵画には身の囲りを“飾る”性格があります。宗教を

尾形光琳「燕子花図屏風」根津美術館

テーマにした仏画や絵巻などの 一部をのぞいて“飾る”ことなしに絵画はその存在を意味しません。特に日本人は襖や障子、屏風、天井、床間など、あらゆる空間に絵画を置いて享受しました。寺院建築の方丈の襖さえ宗教絵画というより狩野派などの虎や花鳥が描かれています。そんなところに、日本絵画の特性を“装飾”と位置づけたり、“装飾美術” などということばが多用されたりするのでしょうか。「装飾美術」ということばを『広辞林』で引くと「建物、器具などの装飾を目的とする美術。色彩、線、形の配合、調和によって外観を美化するものを主眼とする」とあります。果たして光琳はそう考えて「紅白梅図屏風」を描いたのでしょうか。彼は一つのタブローとして、自分の思想や感情をその空間に造形していったのです。その作品が置かれて観る人を楽しませることを意識したとしても、建物の“装飾”を目的にタブローにしたとは思えません。“光琳” とサインを入れて、彼の自然への解釈と主張を、そこに表したのです。

かきつばた図屏風

◉ M. M 男のレポート「一見単調そうなこの絵もよく見ていると、何か一定のリズムを感じてくる。紺の花は波型に流れ、やわらかなイメージを受ける。その反面、緑の葉が大胆で勢いよく描かれている。六曲の折れ曲がる位置には何か花の量が多く思われる。実際に立てた時の効果を狙ってであろうか。 よく見ていると、まったく同じ図柄が繰り返されていることがわかる。(右の方と左の方へ) 波 のようなイメージはそこから生まれていると思われる……」

◉ N.L 女のレポート「金と藍と緑との配色はコントラストが強い。一見バックの金箔に写体のかきつばたがのまれるかと思うが、逆に浮き立ってみえるのは何故だろう」。金箔の塗りは均一で遠近感もないが、かきつばたの並び方が、遠近感を表している。具体的にはかきつばたの生えぎわが前後とリズム感を持って移動することによる。不思議なのは色彩、花は２～３色でぬられているし、葉は一色でぬられているのに、確かに立体的だ。目を細めてみるとそれは一層ひき立ってみえる。花の上端のおりなす曲線がなだらかなのに対し、下端の茎の部分の曲線はかなり波がはげしい。これは光琳がななめ上から見て描いたためだが、これによって全体の流れが斬新な感じになってい、「花そのものの配置も意図的にそうしただろうに、このまま庭に咲いていても不自然さを感じさせない」(K.H 女)、「もし屏風という枠がなかったらかきつばたの花は無限に続く」(N.H 男) よう咲きみだれている。「花の茎の根元には透んだ水が流れているような」(S.H 女) 自然のありのままの情景が描かれています。「葉の色はみな同じ色なのに、一本一本区別できる」(S.H 女) 程リアリティーがあります。「花びらの形もよく観察され」(K.T 男) 彼のデッサン力というか描写力の鋭さを示しています。光琳はかきつばたのさまざまなようすを、それぞれの画題に合わせて描いています。「八橋図屏風」(メトロポリタン美術館)も有名ですが、そこにはまだドラマ性が残っています。この「かきつばた図屏風」は完全にかきつばたそのものに迫ろうとしています。「きっとむかしから日本人は自然とは切つても切れない間がらで、部屋、家の中に自然を持ちこもうとしたのではないか……本物の生花なんかよりずっとダイナミックな感じさえする」(N.H 男)。そのダイナミックで本物以上に本物を感じさせるために光琳はどんな表現をしているのでしょうか。彼(や琳派の画家)の画面の構成への配慮や関心、そして卓抜した構成力は他の比をみないでしょう。宗達が扇屋であり光琳が呉服屋であったことが、彼らの画面構成に大きく影響したことはよく言われていることです。桃山から元禄にかけて着物は染色技術(辻ヶ花、友禅)の発展、小袖の流行などにより需要も活況を示していました。着物のデザインは袖、背、裾、前の部分ごとの意匠とその群ごとのコンビネーションによる全体のバランスによって成り立つのです。「かきつばたは四つの群からなりたっている」(M.Y 女)ように構成されているのも、「対照的」ということばに示されるようにコントラストを常に計算しているのも、着物の意匠で練り上げられたものです。扇面も着物もその限られた空間と限られた形式の中で最大限の表現をしようとするとき、自ずと空間の利用や捨象や強調を余儀なくされます。彼らは限られた空間だからこそ、一分のすきもなく利用しようと努力したのでしょう。やわらかな花の線と強い葉の線、金、藍緑とコントラストの強い色の組み合わせなど、色や形や空間の構成は絶妙な緊張感とバランスを保っています。六曲の横長の画面に流れるリズムは画面に空間と奥行きを生み出しています。金箔の処理は今までみてきた『松浦図屏風』などとは根本的にちがい」(S.T 女)単なる“バック”ではなく空間と奥行を持ち、水のイメージをわきたたせ、花と響き合っています。ななめ上から見で描いていることは画面の空間づくりに大きな役割を果たしています。「作者の深い意図」(N.L 女)が画面の隅から隅まで配られていますが、それらは次の「紅白梅図屏風」でいっそう明確になります。

紅白梅図屏風

◉ T.K 女のレポート「4 枚つづきの屏風で 4 枚全体に川は描かれている。その川の両端には二本の梅が立っている。左側には白い梅で大きく枝が上から下へ、そして上へと荒々しく描かれ、幹も太く力強く感じる。右側には紅い梅で枝は細く素直に上に伸びてけなげに咲いている。まるで白梅は男性で紅梅が女性のようにも思えてくる。そしてこの川は荒々しくというか、怪しくうずを巻き男女の間を邪魔しているようでもある。その邪悪なものに負けまいとして 白梅は枝を広げているようである。梅には苔がたくさんついていかにも老木のようにも思うが、私は生き生きとしているように思う。背景の金と木の肌の色の金は微妙に違い、配慮されている。私は病気の時夢にこの川が出てきて、どこからか音楽が聞こえる夢をよくみる不思議な印象がありひきつけられる。」

◉ G.E 男のレポート「画面の中央を流れる川の構図の大胆さが絵全体の印象を強烈にしている。全体の 3 分の 1 もしめる程に描かれた川が視覚的な印象を強くしているのだろう。そしてその両岸に描かれた 2 本の梅の配置、形や川の位置など、どれをとっても計算された絵だと思う。特に左岸の白梅は画面の上から下へつき出た枝が斬新な印象を与えている。」

この絵の特徴として大胆な構図ばかり語られるが、ところがどっこい梅の花やつぼみは実に細かく描かれている。しかし川の水の描法はこの花の花やつぼみの精密な

尾形光琳「紅白梅図屏風」

描法とは似ても似つかぬ図案的な絵である。にもかかわらず絵全体としては不自然でもなく大変バランスのとれたものになっている。これも作者の意図によるものであり、もし、この川の水が梅の花のように写実的に精密に描かれていたとすると、せっかくの構図と強烈な印象もうすれてしまったのではないだろうか。」

「見るからに日本的な風情を思わせる」「初春のように寒さを感じさせなく暖かさが少し感じられる季節」(S.K 女）の景色である。雪どけの水は「荒々しく怪しくうずを巻き邪悪」にみえたり「この季節にふさわしくゆるやかで情緒的」にみえたりする。「流れの強い所は太い線で、流れのゆるやかな所は細い線で描かれた、“光琳波”とよばれる様式化された川の流れが、鋭角に強調された梅の枝と対照的ながら調和をもっています。T.K 女が紅白梅を男女に見立てているのも面白いが「樹の素直な方にきつい紅、樹の荒い方に清楚な白というように形と色が上手につり合っていて」(O.H 男）より効果をあげています。木肌に苔が生えた老木ですが、光琳の筆勢の強さは若木のようにはなやいでみえます。「枝のぐいっと上へ曲がったところが若くみえ」(Y.M 女）風格を示しています。しかし、見る人には「細い枝先に小さく咲いた梅の花は……はかなささえ感じ」(H.E 女）させます。「この絵の視点はややななめ上にあり、紅梅から白梅と移ってゆく」(Y.K 女）ようにとらえられています。「梅の花は同じ色でぬられているのに、花やつぼみがそれぞれちがった色に見えます」。この絵は「梅の老木に春がめぐるたびに花が咲き日本にしかない美しい早春のひとこま」であり、「大きな自然を主題にしている」(F.M 女）のです。

確かな自然観照

「大きな自然を主題にしている」とF.M 女が書いているのは当を得ています。もともと日本絵画（やまと絵）は平安のころから月次絵として四季の景物を描くことを大きな柱としてきました。その四季の景物も生活と一体化した自然であり、同じくやまと絵のもう一つの柱である行事の絵もやはり四季の移り変わりとともに行われる生活の営みを描いたものです。月次絵（四季絵）の画題のうち春の景物は、元日、若菜摘、梅、霞、鴛鴦、雉、柳、稲荷詣、春野遊、帰雁、山吹、かきつばた、藤、春海、朧月などなどでした。

光悦、宗達、光琳らは桃山から江戸初期元禄の武士による封建社会の確立期の中で、特権的な豪商の家の崩壊していく流転のさ中にありながら、なお同じく衰弱した公家との結びつきをもっていました。その朝廷文化との繋りや生まれ育った階層から、琳派の人たちは平安の栄華へのあこがれを強くもっていました。その懐古趣味、復古趣味は、平安貴族の生活を書いた「伊勢物語」や「源氏物語」に取材した絵を好んで描き、朝廷の行事である「舞楽図屏風」（宗達）にみられるように、彼らの生活とは関わりない画題を多く描いています。それらの絵には構成上の新しさがあっても、「源氏物語絵巻」など絵巻ものにみられた当時の絵のリアリティーは全くみられません。

しかし、平安文化へのあこがれは、やまと絵の中心である四季絵への理解を深めていました。上記の舞楽のようにすでに日常的な生活の行事ではなくなったものも主題にしていますが、四季の自然の移り変わりをテーマにした絵をたくさん描いています。やまと絵が、奈良より、自然の変化の細やかな京都で確立されたように、琳派も京都で育ち、秀作を生み出したのです。光琳は自然を観察し花鳥を写した画帖をたくさん残しています。いずれもお手本を写したのでなく、実物に則した写生と確かな観照が「かきつばた図屏風」「紅白梅図屏風」になったのです。

（初出「美術の教室」6 号 1980 年 4 月）

気取りのない楽天的“民画”

大津絵

「鬼の三味線」

であい

大津絵と聞いて、そのむかし大津地方で旅人あいてに売られた絵だ、と知る人は少なくないでしょう。

しかし、大津絵の本物を見た人は少ないと思います。大津桧は本物の遺作も少なく、展覧される機会も少ないのに「藤娘」「鬼の空念仏」のイメージは広く伝えられています。

大津絵は柳宗悦氏が述べているように、明治の初めにいたり画品も堕ち「ざれ絵」の末路を示し、その歴史を閉じたとあります。今の土産物店には、古大津絵の画趣とは大きくかけ離れ、明治になって、護符の役割を帯びた小版の泥絵の具で刷られた刷り物の、そのまた焼き直しみたいな刷り物が売られています。

私が“大津絵”と出会ったのは、そんな刷り物が初めてで した。10数年前、日本橋のデパートで正月5日から催される郷土玩具市をあさりに行ったときでした。当時はまだ手づくりの玩具に良いものが残っていました。大山のコマや相良の凧や中国の凧などを買い集めたものです。郷土玩具市の中に大津絵の刷り物（10枚1組300円くらい）が売られていました。

柳氏のいう画品の落ちた刷り物ですが、描かれた画題や画風の素朴さおもしろさにいたくひかれて買い求めました。その時からいつかこれを教材にしてみたいと思っていました。

大津絵の“発見”

“大津絵”を郷土玩具市で買い求めてきたところに大津絵がこれまでどのように扱われてきたか、象徴的に示しています。大津絵は、きっと上野の東京国立博物館にも収蔵されているでしょうが、日本民芸館がよく収蔵しているそうです。要するに大津絵は美術品としてより民芸品として扱われていたのです。

柳宗悦は「大津絵は民画である。どこまでも民衆的絵画である。実用を旨とし、同じものを数多く価安く描いたのである。描く者も民衆の一人 であり、購う者も亦民衆である。かかる意味でそれは美術というよりも、寧ろ工芸である。」と述べています。

民芸運動を興した氏によって大津絵の再発見がなされ、「如何なる性質が大津絵を美しくさせているか。そこには学ぶべき幾多の真理が蔵されている。大津絵を省りみる事は、やがて美の起原や又性質や、就中美と民衆との関係を知る所以となろう。」（『柳宗悦選集　第10巻　大津絵』春秋社刊）と大津絵を高く評価しました。氏が情愛をもって大津絵を集めたことはうなずけることです。しかし、柳氏らが大津絵の美を発見して以来、（大正末～昭和初期）50～60年も過ぎた今でも、大津絵は美術全集には載っていません。柳氏らが編集した『大津絵図録』（三彩社刊）以外に、これといった本も出ていません。神保町の古書店をしらみつぶしに探しても、大津絵の資料はほとんどありませんでした。

大津絵と近世風俗画との違い

私の美術史の授業で大津絵は次のように取り上げられます。

近世・室町末期から桃山時代に職業絵師狩野派がたくさんの障屏画を描きます。その中に「高雄観楓図」のような生活風俗を描いたものがあったり、「洛中洛外図」に町の行事や生活のようすが克明に描かれ、しだいに生活や風俗をテーマにした絵が盛行します。内容も四条河原の遊楽の図から「彦根屏風」のように室内遊楽の図となり、さらに流行の小袖を着た遊び人や下層の湯女などを描いた人物画から美人画へと移り変わります。画面も大障屏画から軸ものになり、絵師も町絵師が登場、享受する層も武士豪商の支配層から町衆町人へと変わります。そんな近世風俗画の歴史の流れをおさえた後に、この大津絵を取り上げます。

大津絵は1670年ごろから記録に現れます。大津絵の初期は仏画が主だったそうですが、しだいに世俗的画題に移ります。しかし、上記の風俗画とは基本的に異なっています。それは近世風俗画の流れと大津絵の成立が基本的にちがうからです。画工も享受者も違うのです。

柳氏が言うように、「描くのも民衆の一人であり、購うものも亦民衆である」とおり、親父が線をひき、女房が色をぬり、子どもが点々と目を入れるように一家をあげて描いたのです。畑仕事の土のついた手で絵を描いている様は、一家で内職の袋はりをしたあの光景と同じではないでしょうか（ほんとうに内職に出されたかもしれませんね）。彼らは代々伝えられた表現で、一枚でも多く早く描くことに努めました。芸術家気取りやてらいもなく、飽くことなく繰り返し繰り返し描いたのです。むかし、生活雑器を作る陶工が黙々と同じ器を作りつづけたように、まさに職人的仕事だったのです。生活雑器と同じように、銘など入れませんでした。しかし、反復習熟した仕事の中に、生き生きとした線や画工の美意識が自然に育まれたのです。画工が無心に描きつづけた中に、彼らの生活感覚が投影したのです。近世風俗画や浮世絵と大津絵の違いはそこに始まるのです。

近世風俗画も庶民の生活に一層近づき、庶民の視点で描きます。西鶴や近松らの活躍で文学や芝居が隆盛し美術の内容を豊かにし、浮世絵を生み出します。浮世絵の内容は役者絵や美人画、花鳥、生活風俗、武者絵、秘画とあらゆるテーマをてがけます。これらが大津絵に影響を与えたこともまたあったことでしょう。浮世絵の影響を受けながら、なお大津絵の独自性を持って発展し、旅人を中心に多くの人びとに買われ、愛好されたのはなぜでしょう。やはり浮世絵とは違う共感が大津絵の中にあったからであり、それは先に記した制作過程や画工たちの生活基盤の違いがあったからでしょう。

柳氏のいう「購う者も亦民衆である」という民衆は、浮世絵を愛好した民衆であり、それら民衆は大津絵の美も見逃がさなかった民衆というべきでしょう。

大津絵の画風

◉ I.K 男のレポート「まず線がきれいだと思う。これらの作者の描き方は短時間で、しかも足なら足で、足に似せようなどとしていないのに、足そのものを描いている（座頭）。

物のとらえ方がとても大胆で着物の折れ目や顔の表情などもすごくきれいだ。これらの作者たちは、今の私たちのようにくだらない概念にとらわれていない。

浮世絵などの絵というものは、まさに絵を描こうとしている。絵が目的であるが、これはちがう。生活のたしにするための家族の流れ作業のやっつけ仕事だとしても、とても大事なことがある。色もいい。私はこういう大胆できれいで透き通るようなものが好きです。」

◉ M.Y 女のレポート「今まで美術史を学んできていろいろな絵を見た。絵巻物や桃山時代の風俗画、それらと大津絵は画風を全く異にする。現代風にいえばマンガチックだと言えよう。こまごましないで大胆な線で

「鬼の行水」

「長刀弁慶」

「槍持奴」

書いている。頭でっかちでデッサンもくるっているが絵巻などとくらべると親しみぶかい。」

「道端でおじさんが、さっさって絵を描いている。周りに人だかり。近所の子どもがいたり、旅の途中急いでいる人も後ろのほうから覗いている。弁慶の絵をみて、これが弁慶かと笑うものもいる平和な光景が目にうかぶ。」

文章の下手なI.Kがいたく感動した文章を書いています。線がきれいだと言い大胆だという。概念にとらわれずに書いているという。大津絵は早く多く描くために略画になっている。す早く描くことによる集中、繰り返し描くうちに構図や色彩や線が単純化され洗練されたのです。柳氏は、「粗略ではなく、精華のみの示現である」と述べている（粗略なのもあるが）。M.Yのマンガチックな表現というのも当を得ています。須山計一著『漫画博物誌』に大津絵が載っているのも同じ視点からでしょう。

大津絵のユーモア

●I.T男のレポート「（相撲）なかなか相撲の感じが出ていて迫力がある。下になっている人の力のこもった目と一生懸命ふんばっている人の目がすごく感じがでている。からだつきも仲々凝っていて筋力の感じもでている。へたなわりにはその特徴をよく捉え、特に顔の表情がすごくユーモア的で作者自身も楽しんで描いているなあと思う。こういうところが庶民に多く受けたのだろう。今と昔ではユーモアの感覚も違うだろうが、大津絵は庶民の身近にあるテーマを題材にしているので素直に受けたのだろう。」

●S.K女のレポート「どの絵もとにかくひょうきんである。また発想が面白い。この絵の持っているあたたかみ、面白みが庶民の心をなごませたのだと思う。大津絵はやはり略画的なところがいいと思う。もしこれが手のこんだ色や華やかなものであったら、きっと庶民の好むような絵にはならなかったろう。あたたかみ面白みと略画的表現とは深い関係にあると思う」。「（長刀弁慶）弁慶という強いという印象をうけるが、この絵にある弁慶はどこかぬけたような弱さかある。それでいて頑丈な格好が親しみを感じさせる。」I.Tが「作者自身が楽しんで描いている」と書いています。楽しんで書くほど生活にゆとりがあったか疑問です。しかし、彼らの農民的余裕は意識するといなにかかわらずあったのではないでしょうか。大津に住む半農、半工の画工たちにとっては、通りすぎる旅人によって伝えられる京や江戸の文化を、自分たちの生活なりに受けとめ批判したことは確かでしょう。

大津絵が前記のように「ざれ絵」という今日でいう

「女虚無僧」

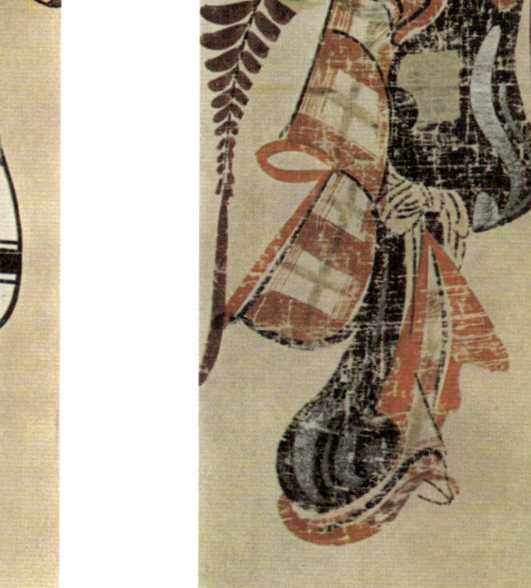
「藤娘」

「太夫」

漫画的要素をもったのは、彼らの農民的生活に関係もあったことでしょう。一日の糧を求めて描いた大津絵ではありますが、彼らの農民的楽天性がユーモアとなって表れていると思うのはこじつけでしょうか。

大津絵の諷刺性

◉ M.M 男のレポート「大津絵はまったく率直であると思う。飾らず気取らずこれこそ庶民の絵である。初めてみる絵柄である。言うなら現代の漫画に相当すると僕は思います。センスの良さが光っている。特にユーモア感覚がすぐれている。まるでダルマのように大きく見開いた目。世の中の悪をまったく見ぬく眼光を感じる。大きな眉、大きな鼻、大きな耳、どこかしまりのないキバ、長くのびたひげも今までの鬼のイメージを脱している。つのが内側に向いているのも強いイメージである鬼をひよわなものにしている。

（鬼の三味線）旅人は大津絵を旅の途中で買い求め、ながめては喜んだろう。浮世絵をみても私たちは笑いません。昔の人も同じだったと思う。浮世絵は芸術であり大津絵は民芸そのものです。大津絵の画工たちは良くそれを理解していたと思います。」

◉ Y.S 女のレポート「鬼や奴が人の裏を見すかすように描かれている。中でも、“鬼の三味線” はとても面白い。発想や諷刺などこの世の中を皮肉って見ているようだ。」

大津絵の画題には不可思議なものが多い。所載の図版のほかに、「鬼の行水」「雷と太鼓」「雷と奴」「鷹」など、どれも何を意味して描き始められたか不明です。不明でありますが、よく見ていると「瓢箪と鯰」は、15 世紀の如拙筆「瓢鮎図」（京都・妙心寺退蔵院蔵）にその画題がみられることを思いうかべます。「藤娘」も当時の美人画の影響がなかったとはいえないでしょう。「鷹」は狩野派の絵師が好んで描いています。詳述するまでもなく、何らかの形で見たり聞いたりしたことが土台になっているようです。それと彼らの生活意識や道徳観が織り合わされて大津絵が形づくられています。後に和歌がそえられ、たとえば「鬼の三味線」には、「目には酒耳はやさしき三味のねにひかされてさらに鬼と思わず」とあるように、導訓が強調されています。大津絵は俚諺をテーマにしているといわれるゆえんです。M.M 男が書くように、旅人は笑いながらその教えや戒めをかみしめたことでしょう。しかし、そもそもその画題は、彼ら“土人”の生活意識や道徳観なのですから、日々の生活からみた社会への批判や諷刺があるのは当然です。世の中を皮肉っていると Y.S 女がいうように、大津絵の画題や主人公そのものが、すでに世を斜に構えたものばかりです。

（初出「美術の教室」5 号 1980 年 1 月）

庶民が創って、庶民が楽しんだ土人形

信州中野の土雛

信州中野の土雛について

これは私ごとになりますが、今から10数年前、民俗学に少々の興味を持ち、信州の山村を歩いていました。当時、高度経済成長政策による農村の崩壊は目にあまるものがありました。挙家離村、廃村が続き、廃屋はいたるところにみえ、村に受けつがれてきた民俗的行事や、親が子に伝えた民話や伝承は、日々に消えていきました。自給的生活から金銭中心の生活に変わり、石油コンロやプロパンガスの移入は生活を大きく変え、「むかし」と区切りをつけました。使いなれた農具や生活用具は焼かれたり農道にうち捨てられました。私は捨てられた農具をひろい集めたり、廃屋に眠っている生活用具を保存することを始めました。その中の一つに今回取り上げる土雛がありました。

信州中野の土雛の源流は伏見人形です。後の明治末期に三河の職人が加わり、二つの流れをもって今日も焼き続けられています。中野の土雛が焼かれたのは今から130年前の嘉永年代とのこと。中野に奈良栄吉という人がいて山の福寿草を採って京に行商に出かけ、その帰りに伏見人形をみてぜひとも中野でも土雛を作りたいものと思い、型と職人を連れ帰り、創業したことに始まります。

信州中野は幕府の陣屋が置かれた地方支配の要所でもあり、明治はじめには中野県の県庁も置かれ（明治2年の農民一揆で焼き打ちされ、県庁を長野に移し長野県が生まれるまで）、商業も栄えていました。その町に毎年4月1日にひな市がたち、松本地方から仕入れた押絵びなや紙びなが売られ、近在の農民を含めにぎわったそうです。そのひな市に奈良栄吉の作った土雛を出すと、大好評で売れ、以来代々土雛を作り伝えてきたのです。4月1日（月遅れ）といえば、長い冬から解かれ、おとなも子どももひな市を楽しみにしていたことでしょう。町から3里も山路を登ると豪雪地帯の寒村に入ります（現在の山の内町須賀川地区）。農民は豪雪の下で竹細工や下駄作りで細々と生活していました。雪がとけ、春が来て、町への道が開けると、楽しみにしていたひな市にわずかばかりのお金をもって下りて行きます。ひな市で土雛を一つ買えた喜びは、どれほど大きかったことでしょう。土雛の裏に「昭和4年4月1日十参銭、父専蔵」と書かれていたりします。子どもは小遣いで「ろくろっ首」を見たり、おでんを食べたりして楽しみます。つい5年ほど前でも、ガマの油売りがホクロやイボを取る実演をやっていました。もっとも、土雛は村の人が子どもに買って与えたのに対し、町の人は誕生や節句の内祝いにもらったり、あげたりしたものだそうです。町ではソリや天びんで行商にまわってきたこともあったとか。

伏見人形は（詳しく調べればよいのですが）、町の研究家小古井氏のお話によると、「伏見城築城にあたり、全国から瓦職人がかり集められた。遠く離れた郷里の子どもたちを思い、手すさびやお土産に土人形を焼いた。特に鬼瓦を作る職人は人形を作るのはお手のもの。後に農民の副業として奨励され全国150余ヶ所で焼かれた」とのこと。土人形はそれぞれの土地で特色をもって発展していきます。新潟水原の三角ダルマもその一つ。中野の土雛は型が150余種も作られたとか。現在は2軒 で130余種ほど残っています。いずれにしても中野の土雛の誕生の由来からしても、それを買い求めて楽しんだ人たちのことからしても、農民的で素朴な味わいのある玩具となっています。作られた人形のテーマからしても、町人や農民の健康や家内安全、豊穣と繁栄の願いを込めたものばかりです。生徒に鑑賞させたのは、その一部にすぎませんが、レポートに沿って、土雛の美を追ってみましょう。

「ねこ」と「いぬ」

◉ R.T 女のレポート「何十年も生きてきたものには何か物語があるような気がする。どんなひとが持っていたのか、どんな風に扱われたのか、そしてそれはどういう道をたどって現在まで来たのか—そういういろいろなことを想像するのはとても楽しい。……彼らの目は新しい人形のそれとは明らかに違っている。まるで本当に生きているかのように深みがある。優しく、あたたかみのある形や素朴な色とともに猫や犬の目は何か話しかけてくるような気がする。長い年月を経ると人形には魂が宿るという話があるが、それは単なる伝説めいたものではなしに、ほんとうのことではないだろうか。その持ち主が人形に愛着を感じ始めたときに魂が宿るのだと思う。」

◉ U.S 女のレポート「私はみんなが焼き雛をとり囲んでいる姿をみていたら、“かわいい”とか“だれかに似ている”とかいろんな会話が聞こえた。みんなとてもうれしそうな目をしていた。小さな子どもがおもちゃをもらった時のように。これが焼雛のずうっとむかしからの役割なんだと思った。焼雛はとても汚れてしまった。カッコよく言えば渋さが出てきた。むかしはもっときれいな色をしていたのだろう。でも、いくら汚れても焼雛の役割はむかしと変わっていない。これを作った人たちの心が焼雛にしみ込み、次の時代次の時代へと受けつがれ大切にされてきた。焼雛の表情はとてもリアルで“作られた”という感じがない。私たちの生活の中の表情だ。そして“ぼくたちはここにいるんだ”と言っているような存在感がある。」

◉ K.Y 女のレポート「……目をつむる、それを買ってきた時の両親、受けとる子どもたちの姿が目にうかぶ。きっとその子どもたちはそれを持って走り回ったにちがいない。そしてお膳の上に並べて、ひじをつき、子ネコと親ネコのまるっこい姿をみて笑ったかもしれない。かわいいと言いながらなでたかもしれない。そのおもちゃたちはいたずらっ子の汚い手で愛され、時には危険にさらされながら子どもたちと一緒に大きくなった。…… うんと年をとって不思議ななつかしさに手にとると、親の自身だけに通じる思いがよみがえる……。」

◉ G.T 男のレポート「なんと言おうか、この可愛いいちっこい目、口もと、表情が生き生きとしている。やさしげというか、福々しいというか、丸っこくてちょこんと座ったところがなんとも可愛いい。ネコさんの首に飾りをこらしてお雛様というからまた面白い。お雛様というと今の久月とか東玉とかを連想してしまうが、むかしの農家のひなとして飾られたこれらはなんともいえない美しさがある。むかしの人々の動物への愛着を感じる。」

◉ R.M 女のレポート「別に動くわけでもない、目が光るわけでもない。でも中からにじみ出てくる“やさしさ”は何なのだろう。……あの犬の目のやさしさは、親の子に対するやさしさそのものだと思う……。」

◉ K.T 女のレポート「最近のおもちゃというと、やたらに色がきれいで材質もビニールやけばけばした布とかが多い。形もどぎついのが目だちます。しかしこの猫にはまったくそのようなところがない。ほんとうの猫のふくらみをそのまま出している。色も黒と赤などわずかなものだ。それでいて、持ってみるとたいした重さでないのに、そこに猫がいるという存在感、どっしりとした重量感を与えている。今の子どもたちはこのようなおもちゃを知らない。見た目にきれいなものや、スイッチやボタンを押せば勝手に動き出し子どもの目を楽しませ、そんなものばかりを与えられている。すぐに飽きたり、毀れて捨てられる。この猫のように生活の中から生まれた玩具は使えば使うほど美しさや愛着が増してくる。この猫をみているといまの子どもたちのおもちゃについて考えなおすことが多い、と感じた……。」

三番叟、だるま、えびす

◉ K.H 女のレポート「三番叟の人形をとおして、まず素朴さと暖かみを感じた。やはり素材からくるものなのだろうか。同じ粘土を使っているのに博多人形のようなものとはとてもちがう。この三番叟には洗練された技術や洗練されたセンスというものより、力強い生命力のようなものを感じる。形をとっても、色をとっても、力強さを感じさせる。庶民のために、庶民が作ったというところにしたたかさがあるのだろう。

三番叟の表情は、顔を見つめているとつい笑ってしまうような、何か引きつけるものがある。それと同時に、あいきょうの中に何かしらペーソス現代の子どもたちもこの土人形のような“味わい”というか伝統を受け継いだ玩具に育てられれば感受性も変わるのではないだろうか。」

◉ K.T 女のレポート「ふと人形の裏をみると、いつだれが、だれのために、いくらで買ってあげたということが書きこんであった。現代、プラスチックやビニールのおもちゃにそんなことを書く親がいるだろうか。マンガをそのまま人形に変え、蛍光色をぬたくったものが氾濫している今と、むかしのこれを比べると、次元の違いというか、出発点のちがいを感じる。このダルマには足がある。どっしりあぐらをかいているむかしからのダルマに願いをかけて、毎日その目標にむかって精進してきた、そんな気持ちも大切だと思うが、近ごろ家の近所の寺のダルマ市も年々活気を失いつつある。このダルマはむかしの人の願いをみんな聞いてくれたような、かなえてくれたような、まだまだかなえてやるぞーなんていう顔をしている。代々その家に受け継がれたダルマさん。家族が寝しずまったころ、腕を組み、首をひねって、さてどうやって願いをかなえてやろうかと考えているようでもある。」

「犬乗りボコ」

◉ F. N 男のレポート「しもぶくれの顔、大きな鼻、細く笑みを含んだ目、どうみても百姓の顔である。鼻の頭がよごれていっそうユーモラスな顔にみえる。大きなエボシをかぶり、右手で鈴を打ちならしながら、大きな扇子をひろげて踊りに熱中している。単純な形だけれど、右足をあげ、首を少しまげながら、両手を大きく動かして、動きの激しい踊りにみえる。扇から袖。袖から鈴にかけて円孤を描いているのが、大きな動きを表している。大きなエボシと扇子が形のバランスを保っている。色は赤い茶、紫、黒、黄と少ないが、ニカワでといた泥絵具のせいか、落ち着いた色調の中につやと華やかさが感じられる。「三番叟」は子どもの生まれたときに厄ばらいとして舞われたとのこと。なるほど、めでたさの中にも細めの目の視線ははるか前方にむけられ、何かを念じている。鈴の音、ふみならす足の音が聞こえてくるようだ。」
◉ A.T 女のレポート「扇をかざして踊る人形、表情もしぐさもとてもユーモラスで回りをつつみこんでしまうようなあたたかみがにじみ出ています。鯛にまたがったえびす様もやんわりほほえんでいる。この雛様で遊んだ子どもはもうおじいさんになっているだろうけど、子どもや孫にこんなやさしい雛を伝えられたらいいのになあ。この雛をみつめていると日だまりの中の農家の庭先や縁側のおばあちゃんや、ニワトリや赤いほっぺの子どもたち、そんな風景が自然に浮かんでくるようです」
◉ A.N 男のレポート「たった 10 ㎝ほどの小さなダルマさんがとても大きくみえる。大きくあぐらをかいて、衣の中で合掌しながら行を修めている。頭からすっぽりかぶった衣の形と、衣のひだが単純明解である。からだに比べ、顔が大変大きいのだが、少しも不自然さを感じさせない。あぐらをかいた三角形の安定した形がそうさせているのだろうか。その顔は、大きくがっちりした鼻柱、丸く大きな目、への字に結んだ口、横から見るといっそうよくわかるが、なかなか立体的で骨格をつかんでいる。眉間にしわをよせ、口をへの字に結んで一点を凝視する表情には強い気迫がある。高崎や深大寺 のダルマさんにこんな気迫を感じたことがない。むしろユーモラスな感じだったように思うが、このダルマはすごい気迫である。高崎や深大寺の丸いダルマさんとこのダルマは作られたねらいが違うのだろうか。衣の朱色と顔の肌の色が、なんとも言えない深い渋い色をしている。いろりの煙を浴びたからだろうか、人の手垢のせいだろうか。」

「鯛乗りえびす」

郷土玩具の美

「むかしのお雛さまはやさしい顔してたっさ。安心してながめていられたわさ、近ごろの雛さんときたらこわくていけねえわ……」これに村のお店のおばあさんのことばです。ほんとうに近ごろのお雛様は美しく着飾っているけど、表情はとても冷たいですね。現代の雛は現代の美意識を反映しているのでしょうが、あくまで作られた“美”であり、村のおばさんの美意識にはあわないのです。それは当然のこと、村のおばさんはこのやさしい土雛をみて育ったのですから。この土雛を作った職人さんは、一方では畑仕事をしながら、粘土を掘ったり、型ぬきをしたり、素焼きの窯をたいたり、泥絵具をぬったりして作りあげたのです。表情を描く手は他の農民や庶民と同じふしくれだったごつい手をしていたでしょう。身の回りの動物に対する感情も、七福神や三番叟や歌舞伎や武者を作るときの感情も、農民や庶民とまったく同じだったのでしょう。芸術家きどりはみじんもなく、「むかしの職人さんは一品 一品をとても大切に」(A.T 子)作ったのでしょう。もとより銘を入れるなどとは思わなかったし、必要もなかったのです。生活実感のにじみ出た“郷土玩具”がだんだん消えていきます。もう一度その中から“美”とは何かを考えてみたいものです。

(初出「美術の教室」3 号 1979 年 4 月)

豊国祭礼図

「豊国祭礼図（部分　騎馬行列）」徳川黎明会本

創造力豊かな桃山時代

日本の文化史上でもっとも明るく華やかで、しかも自由な創造活動が展開されたのは桃山時代ではなかったか。歴史をふりかえってみるといくつもの節があり、それぞれ隆盛し、次の文化を内包しながら衰微し、また次の文化へと発展してきた。そういう文化の起伏の中でひときわ高く華やかで多様で充実した文化を残したのは桃山文化ではなかったか。戦国末期から信長・秀吉が全国を制覇した桃山時代を中心に、八百屋お七の振袖火事（明暦大火）で江戸が全焼して区切りができるまでの、ほんの短い期間、約80年間にすぎないが、もっとも充実した文化が展開した。

政治的には、戦国乱世を勝ちぬいた信長・秀吉の統治とそれをかすめた家康の支配も、それほど暗黒的強権ではなく、農民から町衆、豪商、新興武士まで自由を享受するゆとりがあった。村には一向一揆、土一揆にみられた自治の実力も生まれ、今日的な村の組織が確立し、開拓をはじめ生産力の増大がみられた。農産物も多様になり新しい産業も生まれている。その村の活況は町の商業を発展させ、堺の町に代表されるように豊かな富と自治を生み出した。戦国乱世、群雄割拠とは無国家の状況であり、それぞれが思いの様に統治し、産業を起こし、富と力をきそいあっていた。テレビドラマ「黄金の日々」にもみられたように、豪商と新興武士の富と力の競り合いは、目を海外にまで向け、かつてない広い視野で世界をながめ、積極的に世界の文化と富を手に入れようとした。

この期に華やかで高い文化が花開いたことは故あるかなである。陶磁器、染織、漆器、金工、建築とあらゆる分野で今日でも越えられない高い技術と意匠と豊かな作品が残されている。武野紹鴎や千利久によって侘び茶の精神と茶儀が確立され、文化に大きな影響を与え、また出雲阿国による歌舞伎の創始は大衆的文化の発展を明確に象徴している。祇園祭りや四条河原のにぎわいや、祭礼における"風流踊り"の様子をみると、町衆のくらしは想像以上に明るく豊かであったようだ。近年、桃山文化への感心が強まっているのもうなずける。

今回取りあげる「豊国祭礼図」は、この桃山期の華やかで躍動的な生活と文化をもっともよく反映している。人間が主役として登場してきた桃山期の風俗画について作品をみながら考えてみたい。

人間が主役に登場

人物が画面に登場してくるのはそんなに新しいことではない。平安時代の月次絵（つきなみえ）のころから人びとの生活や行事を自然の機微の中にとらえ、絵巻物の中では風俗や人びとの生活がその表現の中で大きな役割を果たすようになった。人びとの生活や風俗、行事を自然の中で捉え描くことは大和絵の伝統であり、主要なテーマの一つであった。しかし、人間により近づいて、劇的にそれを描いたのは桃山期の風俗画からではないか。しかも人間を動的な群集としてとらえたのは他の期には見られなかったことである。信貴山縁起絵巻の「飛倉」の場面で驚き騒ぐ下女たちの姿に、伴大納言絵詞の応天門の火事に集まる群集の中に、部分的ではあるが群集の躍動的な表情がみられたが、群集そのものがテーマにはなっていなかった。

人間が動的な群集として登場してくるにはそれなりの状況があった。戦国乱世にあって、戦争はもちろんのこと、一向一揆、土一揆にみられる農民の力も、応仁の乱などで主戦場にされ焼きつくされた京都の町衆が、武士の横暴に祇園祭りを復興して対抗したのも、全て"集団の力"であった。田楽が村の集団的な娯楽の中心になり、町や村には踊ることで法悦にひたる踊り念仏が流行り、後にそれは風流踊へと発展し広まっていく。いずれも群舞であり集団的な娯楽として受けとめられている。踊り念仏を風流踊りに変えて集団的な娯楽とするところに、この期の現実肯定、現実主義的 な時代風潮と新興武士や町衆の様子がうかがえる。このようにあらゆる形で人間が集団で群集で激しく動いていたからこそ、画面の主役として登場してきたのである。社会の変革期には必ず人間が主役として登場してくること、また、変革期あるいは変革をなしとげた新興支配層は、きまって現実肯定、現実主義、平和賛美の文化を創造し、享受することはこれまでに何度もふれてきた。ここに現れた群集、ここに描かれた群集は、まさにその典型といえよう。

洛中洛外図 風俗画の出発

戦国時代激しく動いた人びとが画面に登場してくるのは「洛中洛外図」であった。それより先、狩野秀頼筆の「高雄観楓図」に遊楽そのものをテーマにした作品がみられるが、まだ月次絵的な要素が強い。この頃狩野派は、新興武士の要求にこたえ障壁画を多数描いている。そこには花鳥禽獣を武士好みに豪壮に描くだけでなく、日常の風俗、生活を描いたにちがいない。しかしぐっと人間に近づいて生活や風俗、行事を描き、人間そのものに視点を据えて、人間を主役として描いたのは洛中洛外図からではないか。その意味で洛中洛外図は近世風俗画の出発点とすべきである。

洛中洛外図が描かれた理由にはいくつかの説がある。いずれが描かせ、いずれの好みに合わせて描いたにせよ、そこにはおのずと京の町の賑わいが人びと（群集）の動勢によって描かれた。しかも、屏風（六曲一双）という大画面には、ありとあらゆる世相風俗、行事が描かれた。大画面は絵巻物などとちがい、多くの人が同時的に鑑賞する。その鑑賞者の経験と同じものが描かれていたなら楽しみは弥増す。祇園祭りの賑わいから遊里の賑わい、客引き女や子どもに小便をさせる母親まで、あらゆる生活、あらゆる階層が描かれた。その全てを収めるために鳥瞰図という高い視点からの描写法がとられた。

洛中洛外図に描かれた点景は後にそれぞれ独立して「祇園祭図」「花下遊楽図」「四条河原図」などなどへ発展していく。多く描かれた洛中洛外図も桃山期に入っ

「豊国祭礼図（部分） 豊国踊」

て描かれた東京博物館本になると、ぐっと庶民の生活に目が近づき、人物の描写も動的でリアリティーが生まれる。それぞれの場面の群集のエネルギーが大画面に躍動的に描かれる。この東博本の「洛中洛外図」の延長線上に、これからみる「豊国祭礼図」がある。

「豊国祭礼図」

「豊国祭礼図」は秀吉七回忌の臨時大祭を描いたのであり、徳川黎明会本と豊国神社本（狩野内膳筆）など数種が残されている。時すでに家康の権力に移っているが、京の町衆の踊りは熱狂的で、それを見物する群集とで大変な賑わいをみせたという。前記の二作を鑑賞させたレポートにそって作品をみてみよう。

● Y.E 女のレポート「はるか昔の大名達はこの絵を見て、一体どう思ったのだろうか。画面一ぱいにところせましとぬり込められた金箔にはいささかげんなりだが、町衆の一人一人のなんと生き生きしていること。「群集」というのは本当に不思議な力をそなえていると思う。そこに百人の人間が描かれているということだけで見る者にあたえる圧力。これは一種独特のものだと思う。美人画や水墨にはない、活気と現実感。つきることのないエネルギー。かざることをしない人々の表情。「生」この一言につきるみたい」

● T.M 女のレポート（騎馬行列の場面）「一頭の馬とその囲りの人間だけをみても、その動きといい顔つきといい服の模様まで、実に細く描いている。全部ちがうポーズと顔の人間を何十何百と描いている。それにしてもここに描かれている人物の顔はなんと人間くさい、野卑な顔なのでしょう。皆が皆変な目つきをしていて怖いというか、いやらしいというか。おまけにえらく乱れた行列だ。一体騎馬行列って何を意味しているのだろう。あばれる馬をおさえる人達、いい争っている人達、それを見る人達、あっちでもこっちでも騒ぎが起こっている。まるで暴徒だ。うっかりすると踏み殺されそうな迫力だ。昔の祇園祭りというのは町衆の支配階級への反抗だと先生に聞いたけど、これもそういう意味があるのだろうか。塀の向こうでは対照的に整然と猿楽がおこなわれているのもまたおもしろい。」

● K.Y 女のレポート（豊国踊の場面）「一見私はこれは戦いの絵かと思いました。それは花笠を中心に舞っているはずなのに。きっと当時の集団の強さを物語っているのでは。普段貧しい人達も金銀でかざられた着物や笠などを身にまとっている。これも集団の強さを示している」

● H.S 女のレポート（騎馬行列の場面）「動きがすごくめまぐるしく、圧迫感さえ感じる。ずっと見ていると動き出しそうだ。お祭りというより、ちらっとみたとき戦争かと思った…。この絵はあんまり風景を重視していない。人間を描いている。表情、動き、手つきなど激しさが感じられる。」

◉ H.K 女のレポート（豊国踊の場面）「なんと豪快な踊り方をしている人々だろう。みると一人一人がみなそれぞれ変わった形で踊り、踊り狂っている人々の間にどなりあったり、にらみあったり、また踊りの人と笑ったり、一緒に踊ったり警備の人たちが入り乱れている。ところどころに幼い子が母親らしい人とゆかいに踊っているのがほほえましい。」

◉ H.S 女のレポート（仮装の場面）「牡丹に胡蝶の花傘と松に孔雀の輪とどちらもすばらしい。丹念に仕上げてあるなあと思うけど、私は輪の間のたけの子スタイルの人とか、扇子をくわえてさか立ちしている人とか、上部で 踊っている坊さんとかがすごくよく見える。ユーモアがあって楽しいのだ。しかしそれにしてもこの絵に登場する人物たちは全て熱狂的だ、例外なくフィーバーしている。昔はこれといった娯楽がないから、祭りとなるとこういった興奮を誘うのだろう。……この絵からは生命感、臨場感をおぼえる。」

どの生徒の感想文をみても、躍動感と群集のエネルギーの迫力にまず気が取られている。大群集の一人ひとりの表情や豊国踊りの場面、仮装の場面、騎馬行列の場面、見物席の場面、猿楽の場面、どの場面をとってもそこにドラマが展開し、それぞれが一幅の絵以上の内容を持っている。特に黎明会本にみられる熱狂の強調や人間のあからさまな表現は怖ささえ感じさせる。

◉ K.A 女のレポート「 しかし、どの顔も楽しんでいるようだけども、どこか暗いふんいきをかもし出しているように、ふっと感じてしまった。作者の人間をみる目がそんな暗さを持っているのだろうか。戦乱を潜り抜けてきて平和賛美のなかに、そんなかげりが残っているのだろうか。

理にかなった表現形式

◉ Y.T 女のレポート「金箔でごまかしているのがすごく素晴しい。いや、これは悪い意味じゃなくて、ほめているのです。だってこれを正確な色で描いていったらもう目も当ててられぬ程きたなくなってしまうでしょう。バックの金がすごく彩やかに人物を浮きぼりにしている。また、人物も原色ビビッドでバックに負けていない。当時の流行の配色だったのでしょうけど、なかなか配色の理にかなっている」

◉ N.S 男のレポート「 ……技法としては人物は人物、建物は建物、雲は雲といったように全てを別々に考えているようだ。建物や地面などと人物との関係があまりないように思う。

広い範囲のものを描くのだから遠近法の誇張はないにしても、それらのものを多数の平面上に平面的に描いて構成している。全体的に落ちついた感じにおさまってしまうが、そこを群集の表現力がおぎなっている。前景と後景では人の大きさが倍から三倍になっている。望遠レンズで撮影したようなパースペクティブは絵全体をあきさせないものがある。人物の大きさだけで奥行きを表現しているが、建物の奥行きの線は投影図法の平行線で描かれている 」

狩野内膳の描いた豊国神社本の豊国踊りの場面のずっと上をみると清水寺が描かれている。舞台の床板と柱は完全な一点透視で描かれている。彼らはすでに一点透視による遠近法を知っていたのだ。にもかかわらず鳥瞰図法をとって描いていることに注目したい。絵巻物にみられた異時空間を同時の空間に描いていくためにはこのような表現形式が必要だったのだ。

（初出「美術の教室」1号 1998 年 10 月）

「豊国祭礼図」（豊国踊りと仮装）豊国神社本

あとがき

私は15年前、新しい絵の会の草創の会員だった箕田源二郎氏の論考集を仲間とまとめました（『子どもたちに美術のうたを』新日本出版社、2003年刊）。その本の「はじめに」の書き出しに「もし、保育園や幼稚園、小学校、中学校で絵を描いたり物を作ったりする時間がなくなったら、子どもたちはどのような大人に成長していくでしょうか。云々」と書きました。すでに幼稚園教育要領、保育園保育指針にあった「絵画制作」「造形」が、「音楽」「リズム」と一つに括られ「表現」になっていました。

その後の15年間に2度の指導要領の改訂がありました。その度ごとに時数の削減だけでなく、教科の統合が議論されてきました。今次改訂では「教科は減らさない、道徳の教科化、英語の拡充をはかる」ことで、かろうじて図工・美術は教科として残りました。

しかし、政府は東京への一極集中の批判をそらすために文化庁を京都に移すことにしましたが、文部科学省設置法を改正し、“新文化庁にふさわしい”内容にするため、「芸術に関する教育に関する事務を文化庁に移し、小学校の音楽、図画工作、中学校の音楽、美術、高等学校の芸術（音楽、美術、工芸、書道）等に関する基準の設定に関する事務を文化庁に移管する」（2018年10月1日施行）としています。これが何を意味するか、図工、美術の扱いがどう変わっていくか注視しなければなりません。かつて「合校（がっこう）論」が学校は「読、書、算」の教育を中心とし、「芸術教育等はその子の才能、興味にあわせて選択させる」考えが前面に出てくるのではと危惧します。

この本を上梓する決意をしたのは、こうした教育の状況、子どもをとりまく文化の状況をみるに、“子どもたちに美術のうたを”“生きる力を育む美術の表現活動を”という私たちの願いを守るには今こそ発信しなければという思いからです。

幸い、都立工芸高等学校デザイン科の卒業生、鈴木光太郎氏の協力を得てあちらこちらに書いたものをみごとに一冊に構成してもらいました。

また、合同フォレストの山中洋二氏には出版界の困難な状況にもかかわらず、拙著の主旨を御理解いただき出版にこぎつけて下さり感謝しております。

【中谷隆夫略歴】
1939 年生まれ。
1965 年 4 月～ 1971 年 3 月　目黒区立鷹番小学校教諭。
1971 年 4 月～ 2000 年 3 月　東京都立工芸高等学校デザイン科教諭。
「新しい絵の会」元事務局長、『美術の教室』元編集長、現常任委員。
全国教育研究集会、長野県教育研究集会「美術教育分科会」元共同研究者。
陶芸作品で個展、長野県展、陶芸財団展、グループ混林展に出品。

【著作】
『日本美術との対話』1985 年　現代美術社
『美術のとびら－授業に役立つ話』1986 年　日本書籍（共著）

【出典一覧】
霊峰富士　横山大観
群青富士　1917 年　横山大観　静岡県立博物館
霊峰十趣　1920 年　横山大観　個人蔵
雲上富士　横山大観
ネメシス（運命）　1502 年　アルブレヒト・デューラー　国立西洋美術館
トランスノナン街　1834 年 4 月 15 日　オノレ・ドーミエ　伊丹市立美術館
シナカワシホミ　亜欧堂田善　東京国立博物館
懐古東海道五十三次眞景－赤坂驛　亀井作二郎　郡山市美術館
懐古東海道五十三次眞景－蒲原富士川　亀井作二郎　郡山市美術館
春日権現験記絵　宮内庁三の丸尚蔵館
笛を吹く少年　1868 年　エドゥアール・マネ　国立西洋美術館
日本の化粧　1873 年　フィルマン・ジラール　ポンセ美術館
オペラ座通り、陽光、冬の朝　1898 年　カミーユ・ピサロ
清明上河図　北宋張擇端　故宮博物院
仏頭　白鳳時代　興福寺
夢違観音像　白鳳時代　法隆寺
釈迦如来倚像　白鳳時代　深大寺
大津絵　日本民芸館
豊国祭礼図　徳川黎明会
豊国祭礼図　豊国神社
天橋立図　京都国立博物館
燕子花図屏風　尾形光琳　根津美術館
紅白梅図屏風　尾形光琳　MOA 美術館
戦時のポスター　長野県阿智村（満蒙開拓平和記念館）

組　版：株式会社 Ros'y Rose　鈴木 光太郎
装　幀：株式会社 Ros'y Rose　鈴木 光太郎

美術の教室
中谷隆夫の実践と論考集

2019年1月20日　第1刷発行

著　者　中谷 隆夫
発行者　山中 洋二
発　行　合同フォレスト株式会社
　　　　郵便番号　101-0051
　　　　東京都千代田区神田神保町1-44
　　　　電話　03（3291）5200／FAX　03（3294）3509
　　　　振替　00170-4-324578
　　　　ホームページ　http://www.godo-shuppan.co.jp/forest
発　売　合同出版株式会社
　　　　郵便番号　101-0051
　　　　東京都千代田区神田神保町1-44
　　　　電話　03（3294）3506／FAX　03（3294）3509
印刷・製本　株式会社シナノ

ISBN 978-4-7726-6118-8　NDC375　297 × 210